4615
6565

DU PRINCIPE D'AUTORITÉ

EN POLITIQUE;

Des causes de sa décadence et des moyens de le relever.

Privas, imprimerie de Ve Guiremand.

DU PRINCIPE D'AUTORITÉ

EN POLITIQUE;

DES CAUSES DE SA DÉCADENCE

et

DES MOYENS DE LE RELEVER.

Par LAURENT (*de l'Ardèche*),

AUTEUR DE L'HISTOIRE DE NAPOLÉON, ILLUSTRÉE
PAR HORACE VERNET.

A PARIS,

chez J.-J. DUBOCHET et Cⁱᵉ, rue de Seine, 33.

1844.

Il faudrait un livre, un traité complet, pour donner un développement convenable au sujet qui nous a inspiré ces quelques pages.

Mais ce livre, ce traité, est au-dessus de nos forces, et nous n'avons point la prétention de l'écrire. Ce serait beaucoup pour nous de parvenir seulement à éveiller l'attention des hommes, assez haut placés dans la littérature et dans la politique, pour remplir cette tâche avec succès. Ce n'est qu'un simple appel que nous faisons ici à nos grands écrivains, à nos publicistes éminens, pour qu'ils agissent à leur tour sur nos hommes d'État. Le principe d'autorité, dont tout le monde redoute aujourd'hui les empiétemens et les excès, a plus besoin d'être secouru et fortifié, selon nous, que le principe de liberté, qui est protégé par la sollicitude universelle; et il nous a paru que si les conservateurs de l'empire, de la restauration et de la monarchie de juillet n'ont point réussi à relever le pouvoir du discrédit où la révolution française l'a fait tomber, c'est pour n'avoir su ou voulu appeler à leur aide que les supériorités factices de l'ancien régime, au lieu de s'appuyer sur les supériorités réelles de l'ordre nouveau. C'est ce double aperçu que nous venons livrer au jugement des esprits sérieux qui se préoccupent de nos infirmités sociales et de nos misères politiques.

TABLE DES MATIÈRES.

PREMIÈRE PARTIE.

Coup d'œil historique.

SECONDE PARTIE.

Examen critique des systèmes présentés ou pratiqués pour relever le pouvoir.

TROISIÈME PARTIE.

Indication sommaire des moyens d'organiser l'égalité propor- tionnelle , ou la démocratie, et de relever le pouvoir.

ERRATA.

Page 4 , ligne 14 , au lieu de *hospices* , lisez : *auspices.*

Page 85 , ligne 19 , au lieu de *bien*, lisez : *but.*

DU PRINCIPE D'AUTORITÉ

EN POLITIQUE;

Des causes de sa décadence et des moyens de le relever.

PREMIÈRE PARTIE.

Coup d'œil Historique.

CHAPITRE PREMIER.

*Considérations générales sur le pouvoir. Sa constitu-
tion au moyen âge. Causes de sa décadence depuis
le XVme siècle jusques au règne de Louis XVI.*

La liberté, objet du culte des grandes ames et des
nobles intelligences, est sans doute le don le plus pré-
cieux que la divinité ait fait à l'homme; mais le pouvoir est la première découverte du génie de l'homme,
dégoûté de la sauvagerie et franchissant le seuil de la
civilisation. C'est par cette institution fondamentale,
par ce sublime emprunt à l'ordre surhumain, que
l'homme s'est rapproché de plus en plus de la sagesse

et de la justice divines ; c'est par cette imitation de l'autorité d'en haut, qu'il a trouvé dans l'état social ce que lui refusait l'état de nature, une protection certaine, efficace et incessante, pour sa personne et pour ses biens, pour le développement et l'exercice de ses facultés , et pour cette liberté même qui lui est si chère.

Cependant, le principe d'autorité, sous quelque forme qu'il apparaisse, est devenu depuis longtemps un objet de répulsion ou de méfiance. Renié d'abord avec audace dans l'église ; attaqué ensuite avec fureur dans l'état, c'est à peine s'il lui reste un frêle asile dans la famille.

Pour que le pouvoir ait été ainsi frappé de suspicion et qu'on se soit habitué à ne plus voir en lui qu'un ennemi, il a fallu sans doute qu'il eût agi de manière à provoquer cette disgrâce et à s'attirer une condition aussi dure. Il est difficile, en effet, de croire au délire séculaire des nations ; et quand on rencontre, dans l'histoire, un fait général, un sentiment public, une opinion commune qui domine l'universalité des esprits et qui se perpétue à travers la succession des âges, il n'est guère possible de supposer que cette pensée constante et universelle ne soit que le produit d'une longue aberration ; et que, dans la lutte de trente ou quarante générations contre des chefs autrefois obéis et vénérés, ce soit la société qui ait tort ; la société devenue tout-à-coup oublieuse de ses devoirs et de ses intérêts et poussée à l'ingratitude par la démence, au point de se dire

obstinément opprimée quand elle serait sagement con-
duite et paternellement gouvernée.

Le pouvoir ne garde sa haute position et ne s'y
maintient inexpugnable que par l'estime et la confiance
des peuples ; et il n'obtient et ne conserve cette confiance et cette estime qu'autant qu'il est l'expression la
plus élevée de la civilisation du pays, qu'il s'exerce par
les hommes les plus éminens en vertus et en lumières,
et que ses actes, purs du contact des intérêts privés,
portent essentiellement le caractère social.

Lorsque, dans des siècles religieux et guerriers, la
foi et la bravoure occupaient le trône, et qu'autour
d'elles venaient se grouper la science et la vertu, les
rois et les évêques (*) obtenaient partout le respect et

(*) Le dix-huitième siècle, dans un accès de fièvre philosophique,
s'est fait un jour l'historien des *crimes des rois et des papes*. Mais s'il
n'est que trop vrai que des princes et des prêtres pervers souillèrent
la couronne et la thiare, il est juste de dire aussi, non seulement que le
crime ne régna que par exception, mais encore que la plupart des
souverains, temporels ou spirituels, à qui la postérité reproche à bon
droit des passions honteuses ou des actions criminelles, se firent souvent remarquer par des qualités éminentes, et surtout par une capacité
gouvernementale qui tourna au profit de la civilisation. Nous en avons
des exemples dans Louis XI, dans Clovis, dans Constantin, etc. Il faut
ajouter que les crimes et les vices des gouvernans, au moyen âge et au
déclin de l'empire romain, furent avant tout le produit du temps, et
que, si l'on s'occupait de faire *l'histoire des crimes et des vices des gouvernés*, aux mêmes époques, on trouverait que le pouvoir était encore
ce qui valait le mieux de ce monde dissolu et barbare.

l'affection des sociétés qu'ils étaient les plus capables de défendre et d'enseigner. Nul n'aurait pu alors, sans encourir la réprobation universelle, contester la légitimité d'un pouvoir que la religion avait consacré et qui se trouvait généralement placé dans les mains des plus dignes.

Mais comme dans l'ordre où nous vivons, et la perfectibilité étant donnée, ce que la providence ordonne ou permet aujourd'hui dans l'intérêt de l'humanité, pourra cesser demain d'être agréable à Dieu et utile à l'homme, il advint que le pouvoir, qui avait été armé des deux glaives pour discipliner le moyen âge, se trouva jeté un jour, par les progrès même accomplis sous ses hospices, dans un monde nouveau qu'il n'avait plus assez de science pour instruire et qui n'avait plus besoin de sa force pour se défendre.

Les puissans et les forts de l'ordre intellectuel, princes de l'église et conseillers de la couronne, du sixième au seizième siècle, devinrent philosophes et frondeurs dans les siècles suivans; et cette transformation, qui frappe d'abord par le contraste, loin d'être l'effet d'une inconséquence ou d'une boutade du suprême ordonnateur de toutes choses, reste encore dans les termes de l'inflexible logique qui a lié immuablement dans l'éternité ce que l'histoire manifeste successivement dans le temps.

En effet, Dieu ayant confié aux intelligences hardies l'exploration de l'avenir et ayant préposé l'autorité à la

garde de la tradition, il entrait dans les desseins provi-
dentiels que les esprits supérieurs, maîtres des sommités
sociales, à l'établissement des états et au moment des
grandes fondations, apparussent ensuite avec éclat sous
le drapeau du criticisme et qu'ils se présentassent en
redoutables adversaires des institutions et des puissances
anciennes, lorsqu'arrivait le déclin des croyances et des
empires. Ainsi le génie de la civilisation qui s'était re-
vêtu de la toge sacrée, dans les Alcuin, les Bernard et
les Grégoire, se couvrit plus tard du manteau philosophique et prit le nom des Bâcon, des Montaigne, des
Descartes et des Montesquieu. Dès-lors le pouvoir, après
s'être laissé ravir l'initiative de la pensée, perdit la
haute intelligence des intérêts généraux et se livra de
plus en plus à l'esprit d'égoïsme qui lui dicta ses choix
et ses actes. Roi ou ministre, prince ou magistrat, seigneur ecclésiastique ou seigneur laïque, on n'exerça plus
l'autorité pour le bonheur de tous ; on l'exploita au
profit de son parti, de sa famille, de ses propres passions. Telle fut la destinée de la monarchie de Charlemagne. Une immense et profonde corruption donna
pour héritiers aux braves et austères patrons de la
France féodale, les mignons de Louis XIII, les courti-
sans de Louis XIV, les roués de la régence. La dissolution gagna à la fois la société spirituelle et la société
politique ; elle pénétra jusques dans le sanctuaire, et
l'on vit la pourpre romaine qui avait servi de récompense au sage d'Amboise échoir à l'infâme Dubois,

tandis que la royauté française allait passer du chêne
de Vincennes au boudoir de la Dubarry.

Depuis cette dégradation scandaleuse du pouvoir
suprême, laquelle réflétait si bien, du haut du trône, la
corruption des hautes classes, dépositaires exclusives de
l'autorité publique sous toutes ses formes, que s'est-il
passé en France, et qu'ont fait les nombreux gouvernemens qui se sont succédé, pour relever le pouvoir du
discrédit où l'impuissance, les infirmités et les souillures
de sa vieillesse le firent tomber ?

CHAPITRE II.

Règne de Louis XVI.

Sous Louis XVI , les priviléges consacrés par la constitution féodale et réprouvés par l'esprit du siècle ; les abus invétérés et toujours croissans dans les différentes branches de l'administration conservent à la puissance publique son caractère d'impopularité que ne peuvent atténuer, ni les vertus du prince , ni les éminentes qualités de quelques-uns de ses ministres , tels que Turgot et Malesherbes.

Entre le peuple qui réclame d'indispensables réformes et le roi , honnête homme , qui se montre disposé à les lui concéder, il y a d'autres représentans du pouvoir, conservateurs intéressés et opiniâtres qui résistent aveuglément à la sagesse royale et au vœu public. Il y a un clergé, qui a perdu l'initiative du mouvement intellectuel et la direction morale de la société ; il y a une noblesse qui n'est plus incessamment occupée à défendre l'état, et dont les prétentions orgueilleuses ne sont pas toujours justifiées par la pratique héréditaire des vertus chevaleresques; il y a une magistrature qui, au lieu de tenir sa haute mission, de la supériorité de l'intelligence, de l'élévation du caractère ou de l'intégrité des mœurs, puise à une source impure, la vénalité, le droit terrible de disposer de la fortune, de la liberté, de l'honneur et de la vie des citoyens ; il y a, en un mot, tous les corps antiques, riches et puissans, qui ne rendent plus au pays les mêmes services qu'autrefois et qui veulent conserver néanmoins les mêmes priviléges.

Le pouvoir reste donc impuissant sur le trône, tandis qu'il devient de plus en plus odieux à la nation dans les rangs secondaires. Et si la royauté veut essayer de recourir à la force pour réaliser ses vues libérales, elle ne fait que rendre un instant d'énergie et un semblant de popularité aux corps aristocratiques qu'elle frappe de coups d'état. Dans l'exil des parlemens, le peuple ne veut pas voir le châtiment infligé à ses superbes maîtres, pour leur opposition aux plans généreux de la couronne ; il ne se préoccupe que du scandale et du danger de l'arbitraire et de la violence qui, s'ils s'exercent aujourd'hui contre les privilégiés, pourront demain l'atteindre lui-même.

Mais les ministres de Louis XVI ne se bornent pas à punir temporairement la magistrature indocile. Il se trouve un Lamoignon pour conseiller au Roi de France de supprimer, d'anéantir l'ancienne judicature, non pour la réorganiser selon les exigences de la civilisation moderne, mais pour substituer à la justice ordinaire, qui a pour elle du moins l'avantage de la tradition et le prestige du temps, une justice nouvelle, sans racines dans les habitudes nationales, sans relation avec l'esprit libéral du siècle, et dont les organes fassent espérer au gouvernement de serviles commissaires bien plus que des juges indépendans.

Le fils de St-Louis s'est laissé pousser à cette énormité ! il a tenté de remplacer des magistrats par des serviteurs ; il a voulu une justice de circonstance !..... Dieu ! faites que cette justice, impuissante dans ses mains, ne vienne pas bientôt, aveugle et furieuse, se retourner contre lui-même !

Les coups d'état réussissent rarement ; les Bourbons en ont fait souvent l'expérience : Louis XVI l'éprouva. L'œuvre de Lamoignon et de Brienne ne dura qu'un jour, et ce fut assez pour rendre l'aristocratie intraitable et pour soulever la nation. Necker vint alors et amena à sa suite les états-généraux, qui eurent bientôt laissé derrière eux les essais de réforme préparés dans les conseils de la couronne. En peu d'années, il ne resta plus pierre sur pierre de l'édifice monarchique qui avait abrité trois races royales pendant quatorze siècles. La constitution de 1791 ne laissa sur le trône que l'ombre de l'antique royauté ; et, pour témoigner au monde l'état d'abaissement et d'humiliation où les oints du seigneur étaient tombés, la providence permit, que, dans les saturnales du 20 juin, un homme des derniers rangs du peuple, couvert de haillons et de boue, s'élançat du ruisseau jusques sur les marches du trône, pour coiffer d'un bonnet rouge la tête auguste qui avait porté la couronne de Charlemagne et de Louis XIV. Quelques mois après, la monarchie avait fait place à la république ; le peuple, devenu souverain, avait institué à son tour une cour plénière, et le roi, jugé par ses accusateurs, par ses ennemis, était traîné à l'échaffaud !

Haï, conspué, proscrit, sous la pourpre royale, sous l'aube sacrée, sous l'armure chevaleresque et sous la toge parlementaire, le pouvoir va-t-il se réhabiliter, en changeant de principe, en revêtant des formes nouvelles, en prenant la langue, le costume et les allures démocratiques ?

CHAPITRE III.

La République.

Les nouveaux législateurs que le peuple a chargés de faire la part de l'autorité, dans la constitution républicaine, sont précisément les mêmes hommes qui, dans l'ordre ancien, se sont fait le plus remarquer par leur haine contre l'autorité. A leurs yeux, le pouvoir est, de sa nature, porté au mal ; il faut le traiter en suspect, le surveiller, le lier, le garotter.

Où sera la considération, où sera la force de l'autorité, sous le poids des précautions et des entraves humiliantes qu'une démocratie aussi ombrageuse lui aura imposées ?

Le magistrat, ce n'est plus l'homme à qui sa supériorité morale et intellectuelle a fait reconnaître une supériorité politique; ce n'est plus l'homme dont les vertus et les lumières ont déterminé ses concitoyens ou les chefs de l'état à lui livrer avec confiance l'interprétation ou l'exécution de la loi. Le magistrat, c'est désormais l'agent craintif, le commis tremblant de la multitude, souveraine exigeante et soupçonneuse, qui ne l'a nommé que sous la condition d'une surveillance minutieuse et d'une responsabilité terrible, et sous la menace d'une révocation prochaine.

Cet agent n'est pas même choisi le plus souvent dans les classes éclairées où l'éducation fait supposer plus de mansuétude dans les mœurs, plus d'étendue dans l'esprit, plus d'élévation dans le caractère. Au milieu de l'exaltation démocratique qui trouble toutes les têtes, l'amour de l'égalité est poussé jusqu'au délire. Toute distinction est blessante, toute supériorité est odieuse. L'éducation, qui n'a été que trop longtemps réservée aux riches, est devenue suspecte comme la fortune ; le citoyen qui est au-dessus de ses voisins par ses connaissances ou par ses manières est presque toujours un aristocrate pour les clubs ; et le pouvoir, déjà si affaibli par les préventions populaires et par les méfiances systématiques de la constitution, achève ainsi de se déconsidérer en tombant par lambeaux entre les mains du civisme incapable et de l'ignorance furieuse.

Ces citoyens incapables, ces patriotes grossiers et ignorans accompliront, il est vrai, une œuvre immense, une œuvre qui leur méritera l'admiration et la reconnaissance de la postérité : ils sauveront l'indépendance nationale et les conquêtes politiques de 1789. Mais disons bien vite à quelles conditions ce salut s'opérera. Il faudra délivrer le pouvoir de ses chaînes constitutionnelles, le tirer de la gêne démocratique, le confier, dégagé de toute entrave, à quelques hommes puissans par l'intelligence et doués d'une énergie indomptable ; il faudra, en un mot, substituer aux institutions républicaines, à peine proclamées, l'arbitraire illimité du gouvernement révolutionnaire.

D'épouvantables nécessités pèseront sur ce gouvernement, et il ne se laissera point accabler ni rebuter par elles. Il sortira triomphant de la lutte ; mais il en sortira à travers les prisons et les échaffauds, et au prix de tant d'immolations et d'horreurs, que s'il revendique la gloire d'avoir préservé le pays de l'invasion étrangère et de la contre révolution, on lui reprochera longtemps d'avoir exposé le pouvoir à plus de haines et d'imprécations qu'il n'en essuya aux plus mauvais jours de l'ancien régime !

Le pouvoir ne s'est donc pas réhabilité en passant de la monarchie à la république. Les circonstances l'ont rendu violent, cruel, atroce ; il tombe épuisé, flétri, exécré, des mains de ce comité, sans pareil dans l'histoire, et dont les membres sacrifièrent tout au salut de la France, tout, jusqu'à leur mémoire !

Sous la réaction thermidorienne, l'autorité ne se relève pas. Elle est toujours révolutionnaire, remplaçant la terreur par la vengeance et ne faisant que changer de victimes.

La constitution de l'an III n'améliore pas la situation du pouvoir. Attaqué sur toutes nos frontières et harcelé au dedans par de nombreuses factions, le directoire fait bien des prodiges en Italie et sur le Rhin, avec l'épée de Bonaparte et de Moreau, mais il continue à Paris la politique d'intimidation et d'oppression,

imagine le système de bascule pour frapper tour-à-
tour ses adversaires d'opinions diverses, proscrit ceux
qu'il ne peut corrompre, ne sait défendre, ni l'ordre
intérieur contre l'audace des partis, ni la fortune publique contre l'avidité des dilapidateurs, ni les mœurs
nationales contre le dévergoudage des passions et l'ef-
fronterie du vice ; et il finit même par compromettre
cette gloire des armes, d'abord portée si haut sous
ses auspices. Certes un pareil gouvernement n'était pas
fait pour réconcilier les esprits avec le pouvoir !

CHAPITRE IV.

Le Consulat et l'Empire.

Impuissant et avili, le directoire succombait sous le poids de l'animadversion et du mépris publics, lorsque parut un homme qui semblait envoyé d'en haut avec la mission de rendre au principe d'autorité l'énergie et l'éclat dont il avait besoin pour reconquérir le respect et la sympathie des peuples. Science militaire, capacité civile, puissance de fascination, force de volonté, connaissance des hommes, ascendant de la renommée, prestige de la gloire, on eût pu croire que rien ne manquait à ce génie extraordinaire pour organiser la démocratie, pour créer un ordre nouveau, pour fonder un pouvoir libéral et ferme sur les ruines des pouvoirs violens et éphémères que la révolution avait produits.

Trois millions de citoyens, sanctionnant le vœu des grands corps de l'état, ou plutôt, ne faisant que reconnaître la désignation suprême de la providence et qu'exprimer la volonté souveraine de la nation, avaient élevé sur le pavois ce colosse d'intelligence et de gloire. Sa dynastie devait régner à perpétuité, et, en un jour, cet immense avenir, ce magnifique héritage fut gaspillé, perdu, anéanti. L'empereur vécut plus que l'em-

pire; il assista à la déchéance de sa postérité. En tombant du trône, il emporta dans son exil l'admiration et
les sympathies de la France, de l'Europe, du monde
entier; et, toutefois, la chûte de son gouvernement
n'inspira que peu de regrets. C'est que l'enthousiasme
de la nation s'était toujours plus appliqué à la personne
du héros qu'au système du monarque : aussi entendit-
on les mêmes voix qui célébrèrent avec le plus d'exaltation les triomphes de l'homme de génie et qui déplo-
rèrent son infortune avec le plus de sincérité; les
entendit-on signaler avec douleur le caractère trop
souvent despotique de l'administration impériale.

Le pouvoir, sous Napoléon, avait eu de la force, de
la dignité, de la grandeur. Il avait séduit toutes les
imaginations, comprimé toutes les pensées, vaincu
toutes les résistances. Mais il avait fini par inspirer
plus de crainte que d'affection. Les circonstances l'a-
vaient dominé aussi. Il s'était défendu avec des lois
d'exception contre les partis qui avaient assiégé son
berceau, et il avait épuisé la France en hommes et en
argent, pour lutter contre les rois qui n'avaient pas
cessé, pendant quinze ans, de le pousser à la guerre,
par d'opiniâtres provocations, tantôt souteraines et
tantôt manifestes. La conscription et les droits réunis
avaient effacé passagèrement les traces de l'engoue-
ment populaire. Napoléon, en constituant le régime
impérial, n'avait pas suffisamment cédé d'ailleurs à

l'esprit de son temps. Au lieu de suivre le mouvement progressif des idées, en le régularisant, il songea trop souvent à l'arrêter; au lieu d'organiser la démocratie, c'est-à-dire, de donner exclusivement pour base à l'ordre nouveau l'élévation hiérarchique des vertus et des talens, et la rémunération proportionnelle des services, il aima mieux ressusciter l'aristocratie du sang, exhumer les priviléges du hasard de la naissance, restaurer le blason, et chercher des appuis, pour le pouvoir, dans les débris de ces étais vermoulus de la vieille monarchie, que la nuit du 4 août 1789 avait vu réduire en poussière.

Cette erreur porta ses fruits. Au jour du danger, l'aristocratie ancienne, bien que caressée dans ses préjugés et largement admise au partage des faveurs impériales, ne craignit pas de se montrer ingrate envers l'empereur, en conspirant pour les Bourbons; et l'aristocratie nouvelle songea surtout à garder sa haute position, par une adhésion empressée au rétablissement de l'antique dynastie.

D'un autre côté, tandis que la démocratie extérieure soulevait les passions populaires contre Napoléon, de la Baltique au Rhin et de Cadix aux Pyrénées, la démocratie intérieure, dont le chef de l'état avait trop souvent renié les doctrines et maltraité les organes, négligea de renouveler, au profit de l'empire, les prodiges qui avaient sauvé la République, de l'invasion étrangère. Blücher et Wellington furent plus heureux contre

. 2

la France que ne l'avaient été Brunswich et Suwarow ; et ils durent ce succès, non-seulement à l'assistance puissante des patriotes allemands et espagnols , mais encore au sommeil des patriotes français, dont le pouvoir impérial avait éteint l'enthousiasme par ses tendances et ses actes aristocratiques.

CHAPITRE V.

La Restauration.

Quand le pouvoir n'avait pu parvenir à se réhabiliter par l'ascendant du génie et de la gloire, et qu'il
était tombé des mains du plus illustre des enfans de la
révolution, sous le poids du reproche d'avoir trop cédé
aux traditions et aux vanités du passé, comment la
restauration, qui n'était que l'ancien régime façonné à
l'anglaise et placé sous la tutelle de l'étranger, aurait-
elle pu rendre l'autorité populaire, dans cette nouvelle
France, que dominaient exclusivement l'instinct de la
démocratie et le sentiment de la nationalité?

L'histoire racontera les règnes de Louis XVIII et de
Charles X. Il ne saurait entrer dans nos vues de nous
arrêter aux détails et aux incidens de la longue réaction qui commença par les proscriptions du 24 juillet
1815, et qui finit par les ordonnances du 25 juillet
1830. Nous dirons seulement que l'antagonisme entre
la société et les pouvoirs publics ne fut jamais plus violent que durant cette période de quinze années, et que,
suspecte à la nation nouvelle, par son principe, par
son origine, par ses tendances naturelles, la restauration ne fit que justifier cette suspicion par ses actes.
Nous ajouterons que la France du XIXe siècle, élève

de la philosophie et profondément imbue de l'esprit
démocratique, se sentit violemment froissée dans ses
sympathies, dans ses doctrines, dans ses intérêts, et
qu'elle résista de toutes ses forces à l'impulsion rétro-
grade qu'on voulait lui imprimer. Le criticisme philosophique et politique de 1789 reprit en effet son ancienne vivacité. On réimprima de toutes parts les œuvres du XVIII° siècle ; Voltaire et Rousseau passèrent
dans les mains de tout le monde. C'était à qui mani-
festerait le plus d'attachement aux idées libérales et aux
garanties constitutionnelles ; à qui montrerait le plus
d'énergie et d'hostilité, dans les livres, dans les journaux, dans les sociétés publiques ou secrètes, contre
un gouvernement qu'on accusait d'avoir été le com-
plice de l'étranger dans nos malheurs de 1815, et qui
se laissait dominer par l'esprit de sacristie et de caste.
La démocratie, exclue de l'étroit forum que la charte
avait ouvert à la fortune, protesta opiniâtrément et
sous toutes les formes, contre cette imprudente et
injuste exclusion. La puissance qu'on l'empêchait de
déployer paisiblement dans le monde légal, elle l'exerça
en dehors de l'action gouvernementale, avec plus ou
moins de péril pour la tranquillité publique et pour
l'ordre établi. Toutes les illustrations de l'époque,
toutes les notabilités nationales, dans la politique et
dans la littérature, dans les sciences, dans les arts et
dans l'industrie, avaient fini par se rencontrer sur le
terrain de l'opposition. La situation du pouvoir n'était

plus tenable ; il avait tourné contre lui toutes les forces
de la société : la matière et l'esprit lui étaient devenus
également rebelles.

Ainsi harcelé de tout côté, le gouvernement de Charles X ne sut pas apprécier les dangers de sa position.
Au lieu de céder à propos, de reconnaître à temps
l'empire de la nécessité, et de reculer sagement devant
les obstacles qui l'arrêtaient à chaque pas, il voulut
suivre obstinément la voie périlleuse où il s'était témé-
rairement engagé, et il chercha à se tirer d'embarras
par un acte de folie qu'il prit pour un acte de vigueur.
Son illusion fut de courte durée : en moins de trois
jours, il put voir, du milieu de ses gardes fidèles et
aguerris, renverser par quelques milliers d'ouvriers et
d'écoliers, l'édifice des législateurs et des hommes d'état
de la contre-révolution.

Leçon terrible et méritée ! Une fois encore la démocratie, poussée à bout, a puni les superbes représentans du passé qui la défiaient imprudemment ! Une fois
encore elle a fait justice de l'ancien régime, et bien
qu'il eût été le provocateur déloyal de la lutte, elle l'a
traité généreusement, dispensée qu'elle était de se montrer rigoureuse, après un triomphe rapide que nulle
résistance sérieuse et nulle contestation irritante ne
venaient troubler.

CHAPITRE VI.

Le gouvernement , depuis la révolution de juillet 1830.

En constatant que le pouvoir, après quarante ans de travaux prodigieux et de progrès immenses dans l'ordre politique , n'avait pu reprendre la haute position qu'il occupait au moyen âge, la confiance religieuse qu'il inspirait, l'ascendant irrésistible dont il jouissait, nous n'avons point entendu méconnaître ce qu'ont laissé après eux d'utile et de glorieux, pour la civilisation de la France et du monde , les divers gouvernemens qui ont présidé à nos destinées depuis 1789. Nous aurons toujours au contraire de l'admiration et de la reconnaissance pour les grands citoyens de la république et pour le grand homme de l'empire. Nous ne contesterons pas même à la restauration qu'elle s'efforça noblement plus d'une fois d'échapper à la tutelle de l'étranger et qu'elle se montra nationale, à l'encontre de l'Angleterre , en diverses circonstances , et notamment à l'occasion de la conquête d'Alger. Mais , nous le répétons, à travers toutes les gloires acquises à la France sous des drapeaux divers, le pouvoir, dont la centralisation avait décuplé les ressources et dont le mécanisme avait tant gagné en simplicité et en vitesse, le pouvoir n'avait fait que se décréditer et s'affaiblir de plus en plus ; et, depuis sa grande chûte de 1789, il s'était perdu cinq fois encore, sous cinq constitutions diffé-rentes, avec l'appui des principes nouveaux comme avec celui des vieilles doctrines. Or, c'est ce phéno-mène, bien fait pour frapper d'étonnement et d'afflic-tion tous ceux qui comprennent l'importance de la stabilité et de la suprématie morale de l'autorité, non pour la vaine satisfaction des gouvernans, mais dans l'intérêt des gouvernés et pour l'accomplissement le plus prompt et le plus régulier possible du progrès social ; c'est ce phénomène, disons-nous, qui fixe ex-clusivement ici notre attention et notre sollicitude, et dont nous avons voulu demander l'explication à l'his-toire, afin que, la cause du mal une fois connue, le re-mède pût être aisément découvert et signalé.

Mais ce remède n'a-t-il pas été trouvé en 1830 ? Le pouvoir, en se retrempant à la source de la souverai-neté nationale, n'a-t-il pas été radicalement guéri de ses infirmités et de ses plaies ? La démocratie victorieuse n'a-t-elle pas obtenu que l'on mit à profit les leçons de l'expérience ; que l'on s'abstint des fautes qu'elle ve-nait de punir, et que l'on évitât les écueils ou s'étaient brisés successivement la république, l'empire et la res-tauration ?

Si nous adressions cette question aux hommes émi-nens de l'opinion conservatrice, à la plupart des nom-

breux ministres qui ont tenu les rênes de l'état depuis
l'avènement de la dynastie régnante, ils répondraient
tous, à coup sûr, que la démocratie a voulu abuser de
sa victoire, et que l'esprit révolutionnaire, par ses exigences injustifiables, comme par ses tendances et ses
démonstrations anarchiques, a seul empêché le gouvernement nouveau de réaliser ses vues libérales.

Ceux-là donc se bercèrent d'une vaine espérance qui
crurent un jour que la vieille querelle de la démocratie
et du pouvoir avait été définitivement vidée au milieu
des barricades, et que le conflit séculaire, entre le principe de liberté et le principe d'autorité, ne survivrait
pas à la chûte de la légitimité !

Oui, il est très-vrai que, depuis 1830, la démocratie
s'est montrée plus que jamais soupçonneuse, entrepre-
nante, acharnée contre le pouvoir, tandis que, de son
côté, le pouvoir ne s'est pas fait faute de mesures exceptionnelles et de résolutions violentes. A qui appar-
tinrent les premiers torts dans la prolongation de cette
lutte ? Le pouvoir les rejette hardiment sur la démocratie qu'il accuse d'être également inhabile au commandement et à l'obéissance, et la démocratie lui répond à son tour : « Ce n'est pas moi qui suis ingouver-
» nable, ce sont vos ministres qui ne savent pas gou-
» verner ; ce sont vos hommes d'état qui se rendent le
» gouvernement impossible, en prenant à rebours la
» pente du siècle, en s'efforçant d'arrêter le mouve-
» ment social qu'ils devraient régulariser et conduire. »

Malheureusement ces récriminations réciproques ont toutes quelque fondement : expliquons-nous.

A sa naissance, le gouvernement du roi Louis-Philippe se trouva placé entre les menaces extérieures du principe monarchique et les exagérations intérieures du principe démocratique. Il songea d'abord à conjurer la formation de nouvelles ligues contre la France, en s'appliquant à rassurer les monarchies européennes sur les conséquences de la dernière révolution. Mais, pour atteindre ce but, il dut subir deux conditions qui, acceptées et mises en pratique d'une manière trop absolue, le menaient également à l'impopularité. Il lui fallut imposer à sa diplomatie des instructions pacifiques dont pouvait s'irriter l'orgueil national ravivé par les derniers évènemens, et modérer ensuite d'une main ferme, dans son administration intérieure, l'effervescence démocratique, communiquée à la masse de la nation par ces mêmes évènemens.

Ce double système de condescendance au dehors et de compression au dedans préserva l'Europe d'une conflagration universelle, mais au prix de la tranquillité de la France et de l'affermissement du pouvoir.

Si la démocratie n'avait été qu'une faction isolée, née des ambitions déçues, ou une secte solitaire de théoriciens extravagans, sa turbulence, son mécontentement et ses agressions n'auraient porté qu'une atteinte accidentelle à l'ordre matériel ; et le respect des lois, l'ascendant de l'autorité et l'attachement au régime nouveau auraient plutôt profité que souffert de ces troubles passagers.

Mais la démocratie n'est ni une secte, ni une faction ; elle est la nation elle-même.

Ce n'est pas nous seulement qui le disons, ce sont les conservateurs les plus intelligens et les plus sages, les esprits supérieurs ou profonds qui se sont appliqués à l'étude des problèmes sociaux, dans l'intérêt de l'ordre comme dans celui de la liberté, et dont le nom a longtemps figuré ou figure encore avec éclat dans les rangs du parti gouvernemental. C'est M. Royer-Collard qui s'écriait, il y a vingt-cinq ans : *La démocratie coule à pleins bords ;* et qui sommait la restauration d'obéir *au mouvement qui emporte les sociétés modernes.* C'est M. de Lamartine, dont le passage dans les rangs de l'opposition n'a point amoindri l'autorité auprès des amis éclairés de l'ordre, et qui n'a pas cessé de proclamer, dans les solennités littéraires et dans les assemblées politiques, que le monde devient de plus en plus *démocratique et industriel,* et que la sagesse gouvernementale doit tenir compte de cette transformation. C'est un professeur du collège de France, un membre du conseil d'état, M. Michel Chevalier, qui a prononcé, à l'ouverture de son cours d'économie politique, en 1841, ces paroles remarquables : « Il y a cinquante ans à peine que, par le fameux manifeste de Syeyès, le tiers-état se plaignit de n'être rien. Aujourd'hui, il ne se contente pas de l'ultimatum de Syeyès ; il ne lui suffit pas d'être quelque chose ; il a voulu être tout, et, en France, il est tout...... Le principe de l'égalité proportionnelle, à la moralité et aux talens, aux mérites et aux services, devient la loi fondamentale........ La classe la plus nombreuse a pour elle désormais l'irrésistible flot de la marée montante. »

La puissance de la démocratie française ainsi constatée, il est permis de s'étonner que le pouvoir n'ait pas autant appréhendé de rompre avec elle que de se brouiller avec l'Europe monarchique. La guerre intestine n'était pas moins périlleuse que la guerre étrangère pour la nouvelle dynastie, et elle offrait de plus la chance d'affreuses calamités sans aucune compensation glorieuse. C'était beaucoup de contenir la malveillance de l'extérieur ; c'était plus encore de conserver la bienveillance de l'intérieur. Avec les ressources matérielles et morales d'un peuple riche et belliqueux, la paix restait toujours possible, malgré les mauvaises dispositions des rois, et la victoire probable en cas d'agression de leur part ; tandis qu'en heurtant l'exaltation populaire et en bravant l'opinion nationale, on exposait à des ébranlemens certains un établissement à peine assis sur sa base.

Sans doute il y aurait eu faiblesse, imprudence, ineptie, à céder, en 1830, à toutes les exigences des vainqueurs. Nous savons que la révolution, involontairement préparée par l'opposition parlementaire, avait été consommée par la population des ateliers et

par la jeunesse des écoles, toujours promptes au mouvement et à l'action, mais dont les vœux et les prétentions politiques, surtout dans l'ivresse du triomphe,
devaient porter inévitablement le cachet de l'exagération et de l'inexpérience, et dépasser les bornes du raisonnable et du possible.

Mais sans condescendre aux désirs irréfléchis de l'hé-
roïque prolétariat qui avait été maître pendant trois
jours du palais des rois et du sanctuaire de la finance,
et qui en était sorti, les mains vides et pures, il fallait
offrir le gouvernement nouveau aux esprits exaltés,
comme un modérateur conciliant et non point comme
un impitoyable correcteur. Malheureusement ce dernier rôle sourit à quelques hommes d'état. Tels sont
les mystères et les caprices du cœur humain! De grands
citoyens croient n'écouter que les inspirations du patriotisme, quand ils ne font quelquefois que céder à
un désir instinctif de faveur populaire. D'autres au
contraire courent après l'impopularité et pensent n'être
mus aussi que par un ardent amour du bien public,
alors qu'ils ne sont poussés au dédain de l'opinion
générale que par les besoins irrésistibles d'une nature
hautaine, et qu'ils prennent pour un signe d'intelligence supérieure et pour une manifestation de courage civique ce qui peut n'être au fond qu'une des
tournures de leur orgueil ou de leur ambition.

Le système de ces superbes contempteurs de l'opinion populaire l'emporta dans les conseils de la cou-

ronne. On crut qu'il serait plus facile de triompher des
embarras domestiques que des obstacles extérieurs, et
l'on fit tout pour aplanir ces obstacles. Le point capital,
dans ce système, était de convaincre les puissances
étrangères que les évènemens de 1830 ne changeraient
rien à la politique internationale de la France, ni à ses
institutions monarchiques, et qu'ils n'auraient pour résultat que la substitution d'une branche royale à une
autre : aussi envoya-t-on de toutes parts des instructions, immédiatement justifiées par des actes, pour
prouver aux cabinets européens que l'on était ferme-
ment résolu à empêcher l'esprit de réforme et l'esprit
de conquête, d'altérer la charte de 1814 et de porter la
moindre atteinte aux traités de 1815.

Si cette preuve avait été faite sans affaiblir notre
considération extérieure, sans provoquer des désordres
intérieurs, sans nuire à l'affermissement de la dynastie
nouvelle, sans retarder la réhabilitation du principe
d'autorité et sans ajourner indéfiniment les améliorations les plus inoffensives et les plus nécessaires, nous
n'aurions que des félicitations à adresser aux hommes
d'état qui, en résistant courageusement au mouvement
révolutionnaire, nous auraient préservés de l'anarchie
et de la guerre, et seraient parvenus à concilier et à
maintenir le progrès et l'ordre, l'honneur national et
la paix. Mais tel n'a pas été le succès de la politique
de la *résistance*. Loin de là, le gouvernement, confié
aux chefs de l'ancienne opposition, s'est bientôt retrouvé

dans les mêmes conditions , dans les mêmes embarras , que sous la restauration ; obligé de faire péniblement sa journée et de vivre dans l'incertitude du lendemain; réduit à subir; non seulement les attaques de la tribune et de la presse, mais la permanence des conspirations, la fréquence des émeutes et la péridiocité des attentats sur la personne du roi.

Que l'on s'applaudisse maintenant d'avoir conjuré les dangers du dehors, il n'en est pas moins constant que le principe d'autorité, dont la force est après tout la meilleure garantie de stabilité pour les gouvernemens, n'a point réparé la large brèche que l'esprit critique lui a faite pendant trois siècles, et qu'il reste, après la révolution de 1830 , comme après celle de 1789, dans la disgrâce des peuples, en butte au soupçon et à l'outrage, de plus en plus languissant et appauvri.

SECONDE PARTIE.

Examen critique des systèmes, présentés ou pratiqués pour relever le pouvoir.

CHAPITRE PREMIER.

Système des Légitimistes.

Les philosophes et les publicistes demeurés fidèles aux anciennes doctrines, les penseurs légitimistes trouvent naturelle la décadence continue du principe d'autorité sous l'influence des doctrines nouvelles, quelque forme gouvernementale que celles-ci puissent revêtir. Ils dénient à la démocratie toute virtualité organique, toute valeur régulatrice, tout élément d'ordre véritable et de stabilité.

Si cette dénégation était fondée, elle serait désespérante ; et pourtant des esprits élevés et de nobles caractères s'y attachent et s'en servent pour expliquer leur persévérance à suivre le drapeau du passé. Il faut détromper ces hommes que le spectacle de nos stériles débats abuse sur le siége réel des forces sociales, sur l'impuissance définitive des vieux dogmes (*) et sur l'application possible des principes nouveaux à la fondation d'un édifice durable. Il faut les détromper, parce que leur attitude hostile, sans nous menacer sérieusement d'une troisième restauration, nous expose à des luttes

(1) Ceci était écrit lorsque sont venues les démonstrations démocratiques du parti légitimiste. Le droit divin est abandonné et la souveraineté nationale reçoit des hommages inattendus. Nous ne suspectons la sincérité de personne ; nous croyons à la parole vierge du jeune prince qui a pris M. de Chateaubriand pour le confident de ses pensées et qui a réclamé, en faveur de M. Berryer, pour la prééminence de l'illustration personnelle à l'encontre de l'illustration héréditaire. Mais il y a des positions qui dominent les intelligences les plus élevées et les âmes les plus généreuses. En 1812, alors que le glorieux représentant de la révolution oubliait son origine jusqu'à s'efforcer de transformer les héros de la démocratie en parodistes de la féodalité, l'ancienne aristocratie s'unit aux républicains de la société des philadelphes pour conspirer contre le chef de l'empire, au nom de la liberté et de la constitution de 1791. On sait ce qui advint des principes proclamés par cette coalition. Les complices du philadelphe Malet présidèrent aux évènemens de 1815 et conseillèrent les ordonnances de 1830. Les situations sont plus fortes que les hommes et peuvent rendre vaines les meilleures intentions. Il est remarquable toutefois que les ennemis de la révolution, exclus du pouvoir et délivrés de ses illusions, se soient toujours crus obligés, pour réparer leurs défaites, de reconnaître et de flatter l'esprit démocratique de la France. Napoléon, lui-même, qui avait trouvé si étrange, en 1813, le langage libéral des princes émigrés et des rois de l'Europe, rechercha, comme eux, en 1815, pour reconquérir le trône, l'appui du parti populaire qu'il s'était trop long-temps énorgueilli d'avoir comprimé et anéanti. La toute puissance de la démocratie lui apparut dans sa prison de l'île d'Elbe et elle l'accompagna de Cannes à Paris. Malheureusement il ne se souvint pas assez de cette suprême assistance, dans la rédaction de l'acte additionnel, et cet oubli le conduisit à Waterloo. La restauration triomphante abjura bien vite à son tour ses promesses libérales et céda plus que jamais aux prétentions rétrogrades de l'aristocratie et du sacerdoce. Souvenons-nous que cette condescendance lui a fait rencontrer son Waterloo dans les rues de Paris.

déplorables ; il faut les détromper, parce qu'il n'est pas prudent de dédaigner l'opposition d'une minorité qui représente la grande propriété, et qui a pour elle le reste d'influence qu'on accorde encore à l'illustration héréditaire et aux fonctions sacerdotales; il faut les détromper, parce que nos divisions et leur défaite ne doivent pas nous faire oublier qu'ils sont membres de la société française, et que leur refus obstiné de prendre part à la tâche commune priverait l'état d'une partie de ses forces ; il faut les détromper enfin, parce que les plus considérables et les plus éminens d'entr'eux admettraient volontiers le progrès, s'il leur était bien démontré qu'il est compatible avec le maintien rigoureux de l'ordre, avec l'inviolabilité des principes fondamentaux de toute association humaine, avec le respect des croyances religieuses et des traditions historiques.

Mais qui réussira à les détromper ? Qui les amènera à penser que la légitimité n'est pas la seule doctrine d'organisation sociale qui puisse donner de l'énergie au principe d'autorité, faire respecter et fructifier le sentiment religieux, imprimer une direction morale à l'éducation publique, garantir efficacement l'inviolabilité des personnes et des propriétés, et assurer la stabilité des empires ?

Les hommes d'état de l'école ecclectique ont voulu se charger de cette œuvre difficile ; ils ont fait un appel aux légitimistes, ils leur ont dit : « Vous voulez étouf-

fer l'esprit révolutionnaire, remettre en crédit les idées
monarchiques et religieuses, fortifier l'autorité et opposer aux envahissemens de la démocratie l'influence
du nom et de la fortune, nous voulons tout cela comme
vous, et mieux que vous nous pouvons l'obtenir, parce
que tout ce qui porte vos couleurs est suspect à la
France, même le bien, et que nous avons dompté, nous,
ce prolétariat turbulent qui avait remporté sur vous
une victoire facile. »

Jusqu'ici les hommes monarchiques de la restauration ne se sont pas laissés persuader, et ils ont répondu
aux docteurs de la quasi-légitimité : « Vous cherchez
à arrêter la marche de la révolution, à élargir et à
consolider la base de l'ordre, à faire fleurir la religion
et à raviver le principe d'autorité, et vous êtes établis
sur le sol révolutionnaire ! et le gouvernement au nom
duquel vous parlez existe en vertu d'un principe qui
menace tout ce que vous prétendez protéger et affermir !
Aussi voyez le résultat de vos efforts. De votre aveu, la
démocratie ne fut jamais plus exigeante, plus ombrageuse, plus indisciplinable, ni les droits du pouvoir
plus contestés et ses agens moins respectés. A nous
donc, et non pas à vous, de fermer l'abîme des révolutions, de rétablir l'ordre social sur une base inébranlable, et de rendre la vie au principe d'autorité, dans
l'état et dans la famille, sous les auspices de la religion.
Le principe démocratique dont vous êtes issus, quelque
combinaison qu'il emploie dans son application, est

condamné à une stérilité perpétuelle, et il sera étouffé un jour, convaincu d'impuissance, sous le poids des ruines dont il aura jonché le sol de la France, et sur lesquelles il n'aura rien pu édifier d'imposant et de stable. »

Si des essais infructueux et des tentatives malheureuses n'ont que trop justifié parfois une partie de cette réponse, il serait désespérant, nous le répétons, que les évènemens donnassent encore raison aux légitimistes sur la condamnation prophétique qu'ils prononcent contre la démocratie en général.

Quelle serait, en effet, la destinée de notre nation, si le principe politique, sous l'impulsion duquel elle s'est affranchie des abus de l'ordre ancien, ne pouvait produire un ordre nouveau ? Si le régime contre lequel elle a fait trois révolutions en moins de cinquante ans, après une guerre philosophique de trois siècles, devenait son unique refuge contre l'anarchie, et recélait, seul, le secret de la réhabilitation du pouvoir ? Pour échapper à la dissolution sociale, il faudrait donc recourir à la contre-révolution ! Imposer à la France, après 1840, des hommes et des doctrines dont elle ne voulut plus, dès 1789, et qu'elle a condamnés de plus fort en 1815 et en 1830 ! Et puis, le lendemain de cette nouvelle restauration, nous nous trouverions reportés au désir et à la nécessité d'une révolution nouvelle, à la veille du *serment du jeu de paume,* du *retour de l'île d'Elbe* ou des *journées des barricades !* Car,

l'histoire nous le dit assez : un accident peut relever,
avec des chances de durée, un système de gouvernement qu'un accident a renversé; mais on ne rétablit
pas un ordre social que l'esprit humain, dans sa marche rapide, a heurté violemment et réduit en poussière,
et dont une tempête d'un demi-siècle a dispersé les
élémens ! Mais on ne ressuscite pas un corps politique
qui a succombé à une maladie séculaire et incurable ;
qui s'est vu mourir longuement, et qui n'a péri que
par la décomposition lente de ses organes, en vertu de
la loi suprême qui renouvelle les rois et les peuples,
les dynasties et les chartes, dans l'intérêt du perfectionnement de la race humaine !

Ça été l'erreur constante des derniers princes de la
maison de Bourbon et de leurs conseillers, de prendre,
pour des faits accidentels, des évènemens nécessaires
et liés à des causes lointaines. Louis XVI ne comprit
pas le sens profond du mot de Larochefoucauld, et il
persista imprudemment à considérer *la révolution*
comme *une révolte.*

Louis XVIII qui avait entendu ce mot, ne le mit pas
mieux à profit, et il ne fut pas édifié non plus, sur
l'esprit de la France, par la course triomphale de Napoléon, de Cannes à Paris. Charles X, à son tour,
ferma l'oreille aux avertissemens d'un autre Larochefoucauld, et son trajet solitaire, de Rambouillet à
Cherbourg, ne l'éclaira pas davantage sur le caractère
et la portée des évènemens qui le renversaient du trône

pour lui faire subir un troisième et dernier exil. Et de si dures et si fréquentes leçons restèrent encore infructueuses !

A quelque temps de là, un membre de cette auguste famille évoquait les mânes des héros de la Vendée et tentait vainement de soulever les populations de l'ouest ! Il est douloureux, il est cruel sans doute d'être réduit à renoncer au plus beau trône du monde, quand on sent bouillonner dans ses veines le sang le plus noble de l'Europe, quand on représente la race illustre qui occupa ce trône, pendant tant de siècles, bénie de Dieu et chérie du peuple. Mais lorsque Dieu et le peuple vous ont donné des marques si nombreuses et si éclatantes de leur abandon, et que la providence, pour mieux témoigner qu'elle a rompu définitivement avec vous, s'est appliquée à faire ressortir votre faiblesse à côté de votre héroïsme, par un de ces signes qui désillusionnent l'enthousiasme et qui désespèrent le dévouement ; oh ! alors, la résignation, commandée par la prudence et par le patriotisme, est aussi un devoir religieux. Pourquoi s'obstiner à tenter des restaurations que le ciel ne protége pas, qu'il a condamnées d'avance et qui ne peuvent aboutir qu'à des révolutions ? Pourquoi perpétuer ainsi la discorde et le trouble dans votre pays, s'il est écrit, dans les décrets d'en haut, que votre persévérance ne fera qu'éterniser votre infortune ? Châteaubriand qui plaça généreusement, au milieu de vos ruines, le berceau de sa renommée, et qui vous a prêté plus tard l'appui de sa gloire, Châteaubriand vous l'a dit, en pleurant sur vos malheurs et sur vos fautes : votre drapeau est *le drapeau des morts.* (*) Soumettez-vous donc à votre destinée, et reconnaissez enfin que l'atmosphère de la démocratie moderne, brûlante pour votre dynastie, ne lui laisse plus, en cas de renaissance, aucun espoir de longévité, aucune chance de vitalité.

Et ne craignez pas que votre résignation, en devenant irrévocable, enlève à la France tout moyen d'ordre et de salut. Le principe qu'on a invoqué pour briser le sceptre en vos mains, pour annuler vos titres et abolir vos droits, et dont vous avez si cruellement éprouvé la puissance subversive ; ce principe ne doit pas être accusé des nombreux avortemens qui vous ont conduits à croire que la démocratie resterait à tout jamais inféconde. Ce n'est pas le tort de la doctrine qui vous a vaincus, si elle n'a pas mieux utilisé sa victoire, si elle a paru jusqu'ici rebelle à toute combinaison organique, menaçante pour le repos des peuples, incompatible avec la stabilité des gouvernemens, inhabile à replacer le pouvoir dans ses conditions essen-

---

(*) **M. Ballanche**, dont les sympathies premières et constantes furent acquises à la famille déchue, écrivait, dans les dernières années de la restauration, le passage suivant : « Pour la Sibylle, le sens prophétique, c'est la vie........ Une dynastie ressemble-t-elle à la Sibyle de Samothrace ? sitôt que la faculté de représenter la société lui est ravie, ou en d'autres termes, sitôt que la société subit une transformation avec laquelle la dynastie n'est pas en sympatie, cette dynastie devient-elle comme la Sybille dépouillée du sens prophétique? » *Palinq. soc.*

tielles et normales ; c'est la faute des hommes qui ont
gouverné en son nom, depuis cinquante ans, et qui, au
moment de procéder à la création, ont voulu réédi-
fier, les uns, avec les instrumens destructeurs qui
avaient accompli la démolition ; les autres, avec les
débris pulvérisés ou vermoulus de l'édifice détruit. Les
organisateurs de la république cherchèrent dans l'égalité abstraite la base de leur hiérarchie, fondèrent leur
théorie constitutionnelle sur l'omnipotence du nombre,
et firent du suffrage universel l'unique moteur de leur
vaste machine ; les organisateurs des monarchies plus
ou moins tempérées qui sont venues après la république,
ont substitué, dans une société démocratique, l'arbitraire ministériel à la souveraineté populaire ; ne trouvant rien de si dangereux que l'éloquence du prolétaire, mettant le mérite nu en suspicion, et s'efforçant
d'établir la prépondérance de la fortune, dans la législation, pour relever ensuite le crédit de la naissance,
dans l'administration.

Comment ne voyez vous pas, derniers soutiens de la
légitimité, que si le régime impérial et le gouvernement de juillet n'ont point retrouvé, pour le principe
d'autorité, la force attractive, la foi et le prestige dont
vous croyez avoir seuls le secret et le dépôt, ce n'est
point pour n'avoir cherché que dans le sol révolutionnaire, mais plutôt pour avoir trop fouillé dans le champ
de mort de l'ancien régime ? Souvenez-vous en quels
termes les conservateurs de l'école doctrinaire ont sol-

licité votre adhésion et pressé votre ralliement au système actuel. « Vous avez les richesses, vous ont-ils dit,
et partant les lumières et les loisirs qu'elles procurent.
Votre place est donc marquée dans les fonctions publiques. Venez les partager avec nous. Il n'y a que vous
et nous qui puissions représenter convenablement le
pouvoir, aidez nous à en supporter le fardeau ; aidez
nous à en défendre les avenues contre l'irruption des
prolétaires. Gens de loisir, unissons nous tous pour
contenir les gens de peine, nos adversaires communs.
La prospérité de la religion, les prérogatives de la couronne, la considération des grandes familles, l'influence
de la fortune, nous sont également chères ; il n'y a entre
vous et nous qu'une misérable question de couleur,
qu'une insignifiante différence de nom. »

Voilà, nobles disciples de Bonald et de Demaistre,
voilà, dans sa forme presque textuelle, l'appel que vous
ont fait les disciples de Royer-Collard. Êtes-vous fondés
maintenant à accuser la démocratie de l'impuissance
des hommes qui n'ont su ou voulu faire que de l'aristocratie et de l'olygarchie ? Est-il juste d'imputer à la
révolution la vanité des efforts tentés par des organisateurs qui se sont appliqués à relever ce que la révolution avait abaissé, et dont la science orgueilleuse s'est
bornée à essayer une espèce de galvanisme sur le ca-
davre de l'ancien régime ? La révolution décline à bon
droit cette responsabilité. C'est pour avoir suivi vos
tendances et non les siennes, que le pouvoir, après la

révolution de juillet, s'est retrouvé entouré des mêmes difficultés et des mêmes périls qu'auparavant, harcelé à la tribune, vilipendé par la presse, menacé par les conspirations, assailli dans la rue. Les conservateurs vous l'ont dit, entre vous et eux, il y a communauté d'intérêts et de doctrines, et presque identité de position ; et nous vous disons, nous, que cette communauté leur a porté malheur, parce que la France, qui avait repoussé avec tant d'énergie et de persévérance le principe d'autorité, sous la forme que vos doctrines lui avaient donnée, ne pouvait se reconcilier avec ce principe sous les auspices des hommes d'état qui avaient la prétention de n'être que vos imitateurs. Renoncez donc à l'espoir d'être plus heureux qu'eux, dans la tâche difficile de la réhabilitation du pouvoir , puisqu'eux-mêmes n'y échouent qu'à cause de la trop grande ressemblance de leur politique avec la vôtre ; et cessez de reprocher, à la démocratie, l'anarchie des opinions et des intérêts, les embarras et les inquiétudes, les outrages et les périls , au milieu desquels le pouvoir semble condamné à vivre sous le drapeau de la révolution, car, nous vous le répétons, le pouvoir ne subit cette dure condition que pour avoir accordé trop de valeur à vos traditions et s'être trop laissé entraîner dans les voies qui vous furent fatales, au lieu de chercher, dans les entrailles de la démocratie, les germes organiques que Dieu y a certainement déposés, et dont le développement rendra seul à la puissance publique l'ascendant, le nerf et le crédit qui lui manquent.

CHAPITRE II.

Système des conservateurs. La politique militante.

Pleins de prédilection pour la fortune, de sympathie pour la naissance, et de répugnance pour le talent du prolétaire, les conservateurs-doctrinaires se sont donc fourvoyés à la suite des légitimistes. Ils ont refusé de voir ce qui paraissait évident à tant d'autres, c'est-à-dire, que le gouvernement de juillet devait prendre son appui dans la démocratie paisible et intelligente, pour parvenir à maîtriser et à régler les mouvemens de la démocratie désordonnée, au lieu de les confondre dans une même disgrâce et de les rendre toutes deux également ennemies. Cependant, tout en constatant chaque jour, par leurs plaintes et par leurs récriminations, le peu de succès de leur politique, ils sont loin de songer à y renoncer, et il leur suffit de dire : « Si l'autorité publique n'est pas aussi solidement assise et aussi favorablement accueillie que nous le voudrions ; si nous n'avons pu conquérir ou conserver pour elle le respect et l'affection des peuples ; si l'anarchie règne toujours dans le domaine des intelligences comme dans celui de l'industrie, nous avons du moins maintenu la paix ex-

térieure, et rétabli l'ordre matériel au sein de la France ;
nous avons armé le pouvoir du glaive redoutable des
lois d'exception, et il est sorti constamment vainqueur
des épreuves périlleuses que les conspirations , les attentats et les émeutes ont multipliées devant lui. »

Le pouvoir a été constamment vainqueur ! Il faut le
féliciter et le plaindre à la fois : le féliciter d'avoir
échappé aux machinations infernales des partis, d'avoir
triomphé des passions arnarchiques et contre-révolu-
tionnaires ; le plaindre, et le plaindre vivement de s'être
jeté ou d'avoir été poussé dans une voie où la nécessité
de combattre a pesé sur lui. Le pouvoir constamment
vainqueur ! C'est une fortune dont il ne doit pas trop
s'énorgueillir, car elle révèle une position anormale
et environnée d'écueils.

La mission du pouvoir n'est point d'enrégimenter
des majorités dociles pour subjuguer ou écraser des minorités rebelles. Il n'a pas été institué pour diriger,
avec plus ou moins de courage et d'habileté , les forces
sociales les unes contre les autres, mais pour les rallier
toutes sous un même drapeau, pour les distribuer avec
autant d'équité que de discernement dans une hiérarchie pacifique , et pour les faire ainsi concourir à un but
commun, le bonheur général. Si le malheur des temps
le condamne à vivre au milieu des discordes civiles et
le force à combattre, sous peine de périr, qu'il se hâte
du moins, après le succès, de déposer les armes, et de
quitter son rôle de vainqueur de quelques-uns , pour

prendre celui de guide et de protecteur de tous. La politique militante, qu'il le sâche bien, n'est pas faite
pour réconcilier les esprits avec le principe d'autorité.

Disposée naturellement en effet à ne reculer devant
aucun moyen dont elle puisse tirer avantage, et voulant
réussir à tout prix, si elle trouve un profit quelconque
à effrayer ce qui est faible et à corrompre ce qui est
vénal, elle n'hésite pas à ériger en système et l'intimidation et la corruption. Comme Machiavel est son bré-
viaire, rien ne lui est sacré, pas même la justice, la
sainte justice, selon l'expression d'un orateur éloquent
et probe. Qu'on l'accuse tant qu'on voudra de démora-
liser la société, elle en rira dans ses conseils ; et, loin
de se laisser distraire de son œuvre dissolvante, elle
continuera de s'adresser, sans trop de mystère, aux
mauvais instincts de l'égoïsme : la peur et la cupidité.
Peu lui importera que ses choix dotent ou privent une
grande nation d'administrateurs habiles et honnêtes, de
magistrats intégres et éclairés ; ce qu'il lui faut à elle,
ce qu'elle recherche par-dessus tout, c'est le dévouement aveugle de serviteurs qui consentent à placer la
satisfaction du maître avant l'intérêt du pays. Voilà la
politique militante ! Qui pourra dire maintenant qu'un
pareil système, qu'il soit ou non imposé par les évènemens et qu'il ait plus ou moins sa cause dans l'agression
des partis et dans la nécessité de la défense ; qui pourra
dire qu'un pareil système, alors même qu'il serait mis

en pratique par des esprits transcendans et des caractères irréprochables, fera jamais reconquérir au principe
d'autorité le terrain qu'il a perdu, la prééminence et le
lustre dont l'esprit critique l'a dépouillé ?

La politique, la saine et vraie politique, celle qui
mérite le premier rang parmi les sciences humaines,
parce qu'elle domine et régit l'application de toutes les
autres au bien-être des individus et à la prospérité des
nations ; la politique tient à la morale par des liens in-
times qu'elle ne peut rompre sans subir une déchéance
immédiate, sans perdre ses droits à la prééminence
scientifique comme à l'estime et à la reconnaissance
des peuples. Mably, dans ses *entretiens de Phocion*, a
mis en évidence cette relation essentielle. Avant lui,
l'un des deux grands hommes de l'antiquité dont l'illustre d'Aguesseau disait que la nature s'était reposée
longtemps après les avoir montrés au monde ; Cicéron,
qu'on n'accusera pas d'avoir manqué de prudence en
politique, ni de sagesse en philosophie, Cicéron avait
flétri d'avance le machiavélisme, dans cette sentence :
« Quant on se dit à soi-même : *il est vrai que ce parti
est honnête, mais celui-ci est utile,* on sépare deux choses que la nature a étroitement unies, l'utile et l'honnête ; et cette erreur est la source de toutes les fraudes,
de toutes les méchantes actions et de tous les crimes. »

Les révolutions qui ont changé si souvent la face du
monde n'ont rien ôté de sa force à la sentence du phi-

losophe romain. La nécessité, pour la politique, d'être
morale, est toujours la même ; et l'expérience n'a pas
cessé de démontrer qu'en séparant l'utile du juste, on
livre les nations à la violence et à la fraude, tandis
qu'on expose les gouvernemens aux tempêtes. Et la
politique militante, ne craignons pas de le redire, ne
saurait s'accommoder de l'alliance de la morale. Il est
dans son essence d'être partiale, violente, astucieuse,
étroite dans ses idées, mesquine dans ses calculs, pas-
sionnée dans ses jugemens, implacable dans ses ven-
geances ; il est dans ses doctrines, que le succès lave la
honte et efface le crime ; il est dans ses penchans irrésistibles de pousser le pouvoir à la dérogeance et au
précipice, en le familiarisant avec l'arbitraire, en lui
faisant chercher un appui dans la corruption, en lui
donnant alternativement pour cortége l'appareil des
armes ou le trafic des consciences.

Que tous ceux qui sont bien pénétrés de l'importance et de la sainteté de la mission que remplit le pouvoir, et qui veulent le rendre fort et stable, non par les
combinaisons de l'esprit machiavélique, mais par la
confiance, l'amour et la vénération des peuples ; que
tous ceux là jettent donc un cri unanime de réprobation contre la politique militante, et qu'ils proclament
leur préférence pour la politique de conciliation et d'organisation, celle qui donne la justice aux gouvernés,
et qui en reçoit, en échange, le respect et l'affection
pour les gouvernans.

Avouons-le cependant : la politique militante a pour elle des hommes d'état dont l'intelligence, la sagacité et le savoir ne sont contestés par personne, et qui pensent que le pouvoir doit persévérer à faire de l'antagonisme aussi longtemps que les partis s'obstineront à garder vis à vis de lui leur attitude offensive.

Il est certain que les partis extrêmes ne se tiennent pas facilement pour définitivement battus, et que, loin de renoncer à leurs espérances, ils les entretiennent toujours avec opiniâtreté et les expriment avec audace. Mais parce que les factions persistent et qu'elles conservent leurs prétentions et leurs haines, le gouvernement doit-il imiter les factions et se montrer aveugle et rancuneux comme elles ? L'homme d'état, qui se fait homme de parti, a beau se parer du titre de *conservateur*, il est essentiellement *révolutionnaire*, car il contribue à perpétuer la discorde, le trouble et l'irritation dans les esprits. L'ardeur et le courage même qu'il peut apporter dans la lice lui font perdre les qualités les plus nécessaires au commandement, la supériorité de vues, le calme et l'impartialité. Envain il prétexterait que le pouvoir, attaqué avec violence, doit être violemment défendu. Cette réciprocité ne saurait être admise entre les chefs d'une grande nation et les meneurs de coteries ou de partis plus ou moins nombreux et puissans. Il est dans la nature des dissidens et des frondeurs de se laisser entraîner à l'exagération, à l'intolérance, à l'injustice : il est du

devoir des dépositaires de l'autorité publique de rester
modérés, tolérans et justes, alors même qu'ils sont en
butte à des attaques injustifiables. Si le désordre se
produit, qu'ils le répriment avec fermeté, mais sans
emportement et sans colère. Le pouvoir ne doit jamais
descendre de sa haute position pour se jeter, en fu-
rieux, dans l'arène des partis, et s'y montrer querel-
leur, hargneux, vindicatif, aussi dépourvu de prudence
et d'équité que les perturbateurs dont il est chargé de
prévenir ou de poursuivre les excès. Les situations difficiles sont précisément pour lui l'occasion de constater
et de déployer sa supériorité morale, s'il sait maintenir
sa raison et son impartialité intactes, en face des mauvaises passions et sous le coup même des provocations
et des insultes. Qu'il se contente donc d'opposer un
noble dédain, ou une répression modérée, suivant la
gravité des circonstances, aux injures et aux outrages
dont il pourra être l'objet ; qu'il s'occupe plus de paci-
fier que de vaincre, et qu'il témoigne, par ses actes,
qu'en aucun cas il ne s'abaissera au niveau des factieux,
en leur rendant tort pour tort, violence pour violence,
injustice pour injustice.

Voilà pourquoi les hommes d'état qui, dans ces dernières années, après avoir triomphé de l'émeute, crurent que le moment était venu d'invoquer la clémence
souveraine et de substituer la politique de conciliation
à la politique militante, nous paraissent avoir mieux
compris les possibilités et les nécessités de leur époque

que ceux qui se sont laissés entraîner à prolonger indéfiniment la résistance au mouvement démocratique, ajournant toute réforme et repoussant toute concession, sans craindre de perpétuer ainsi l'antagonisme des opinions et des intérêts et de maintenir l'état de lutte et de crise entre le pouvoir et la partie la plus active de la société. Il n'y a ni habileté, ni prudence, selon nous, à isoler l'autorité au milieu de la nation, à ne voir des amis de l'ordre que dans quelques fervens adeptes, et à ne faire de l'action de la puissance publique qu'une espèce de conspiration conservatrice incessamment aux prises avec d'autres conspirations de nuances diverses.

S'il est vrai que le pouvoir, sûr de lui-même et se sentant fort de son amour et de son intelligence du bien public, doive se résoudre quelquefois à braver l'opinion populaire et à servir le pays, au risque de lui déplaire et de froisser ses idées, il est certain aussi que cette situation ne peut être qu'exceptionnelle et transitoire, et que le dissentiment entre l'autorité et la nation, s'il embrassait tout un système d'administration et toute la durée d'un règne, aurait tôt ou tard des conséquences désastreuses pour la tranquillité de l'état et pour la stabilité du gouvernement.

Quand le peuple repousse, dans son ignorance, des réformes conçues dans son intérêt, ne craignez pas de contrarier ses préjugés : il vous bénira demain de ne vous être point arrêtés à ses préventions d'aujourd'hui,

4

et il vous dédommagera de votre impopularité d'un jour par une reconnaissance de plusieurs siècles. Mais si c'est lui qui vous demande, non pas un seul jour, mais pendant une longue suite d'années, d'améliorer son existence morale et matérielle; si c'est lui qui, prenant l'initiative du progrès, vous rappelle que l'humanité est perfectible et vous montre le chemin de l'avenir; et si c'est vous qui, esclaves du passé ou idolâtres du présent, vous obstinez à refuser d'entrer dans cette voie et d'abandonner les sentiers battus; si c'est vous qui érigez l'immobilité en système, dans un monde où le désir du mieux et le besoin du changement renouvellent, modifient et perfectionnent à chaque instant la face des choses, selon les vues de celui qui a doté l'homme de la perfectibilité ; oh ! alors, quels que soient votre dévouement et votre courage, vos talents et vos services, votre portée d'esprit et votre force d'âme, l'impopularité ne pourra entraîner après elle que honte et péril. Autant il faut de sagesse et d'énergie pour heurter parfois et passagèrement l'opinion d'un pays sur des questions spéciales, autant il y a d'aveuglement et d'imprudence à rendre ce désaccord général et permanent, à s'en faire un point de doctrine et à l'élever au rang d'une théorie, surtout à la naissance d'une dynastie et dans un temps où le discrédit du principe d'autorité étant universellement reconnu comme la plus profonde de nos plaies sociales, le pouvoir, affaibli par des défiances invétérées, a plus besoin de gagner que de s'exposer à perdre encore dans le respect et l'affection des peuples.

Non, jamais le dédain de l'opinion populaire ne fut plus inopportun que de nos jours. Un gouvernement dont l'origine n'aurait soulevé aucune contestation et qui, profondément établi dans le sol, aurait toujours joui d'une immense faveur pour l'ensemble de sa politique, pourrait risquer un peu de cette faveur et se séparer sans trop de danger de la majorité nationale, dans quelques rares circonstances. Mais telle n'a pas été la situation du pouvoir, après la révolution de 1830. A son début, la monarchie de juillet fut entourée de nombreux et redoutables ennemis, qui commencèrent par lui reprocher d'être l'œuvre de l'usurpation, et qui lui firent subir ensuite des outrages sanglans et quotidiens, par la voie de la presse, pour arriver à l'attaquer à main armée, sur plusieurs points du royaume et jusques dans les rues de la capitale. L'appui des masses resta bien d'abord à l'autorité contre les républicains et les légitimistes ; mais le nombre de ses adversaires s'accrut bientôt de tous les mécontens déçus dans leurs espérances personnelles, et de tous les patriotes désintéressés, dont la politique extérieure du nouveau régime, invariablement et absolument pacifique, était venue blesser les sentimens de susceptibilité nationale.

Ainsi, l'établissement politique de juillet, chargé des haines et des imprécations des radicaux et des carlistes, en butte à leurs hostilités incessantes, simultanées ou successives, se trouva encore amené à s'aliéner une portion considérable de ses partisans et quelques-uns même de ses principaux fondateurs, par la direction qu'il crut devoir donner à sa diplomatie, afin d'éviter une conflagration universelle. En présence de tant d'ennemis, et lorsqu'il n'était plus possible de se méprendre sur la réapparition menaçante des dispositions antipathiques, dont le pouvoir, abstraitement considéré, avait été si longtemps l'objet sous tant de formes différentes, le nouveau gouvernement n'avait pas trop de la popularité qui lui restait pour remplir sa double tâche, réconcilier le principe d'autorité avec le principe de liberté, et affermir la dynastie naissante. Dans une position pareille, il fallait à tout prix arrêter les progrès de l'impopularité, et travailler ardemment à rétablir entre la nation et les pouvoirs publics, par une politique intérieure, sagement et franchement libérale, la confiance que l'extrême prudence de la politique extérieure avait évidemment altérée. (*) Non,

(*) Après l'abandon de la Pologne, qui avait été une dure nécessité, et le démembrement de la Belgique en faveur de la Prusse, nous nous sommes successivement soumis aux exigences de l'Autriche, en Italie, en évacuant Ancône ; et à celles de l'Angleterre, en Orient, en laissant accabler notre allié, le pacha d'Égypte. C'était beaucoup sans doute que tous ces griefs pour la susceptibilité nationale, et cependant il lui était réservé de subir de nouvelles épreuves dans les questions du droit de visite et du protectorat français en Océanie. Nous ne voulons

jamais, nous le répétons, il n'y avait eu plus d'inopportunité à braver et à dédaigner systématiquement l'opinion d'un pays : la consolidation de la royauté nouvelle et la réhabilitation de l'autorité exigeaient absolument, selon nous, un système contraire.

Il ne faut donc pas trop se complaire dans la glorification de la politique militante. Sans doute la conservation de la paix et le rétablissement de l'ordre donnent au pouvoir des droits à la reconnaissance de la France et de l'Europe ; mais cette reconnaissance serait exagérée si elle allait jusqu'à l'approbation de tous les moyens employés pour obtenir ce double résultat. Il est permis d'abord de penser que l'on pouvait éviter le fléau de la guerre, sans amoindrir la prépondérance française par un excès de *modestie* dans la politique extérieure ; et ce ne serait pas non plus trop hasarder que de prétendre qu'une polititique intérieure, un peu

point décider entre le ministère et l'amiral Dupetit-Thouars ; nous reconnaissons que *c'est à la politique à gouverner les incidens, et non pas aux incidens à gouverner la politique,* comme Napoléon, prêt à partir pour l'Égypte, le faisait remarquer au directoire, qui songeait à rompre tout-à-coup le traité de Campo-Formio, parce que le pavillon de l'ambassadeur français à Vienne (Bernadotte) avait été insulté par la populace de cette capitale. Mais la république victorieuse n'avait pas à craindre d'être soupçonnée de trop de condescendance envers l'étranger ; elle n'était pas gênée par ses antécédens diplomatiques et par les défiances de l'orgueil national. Il y a tel sentiment public, qu'un philosophe peut impunément prendre pour un préjugé dans son cabinet, et dont un homme d'état doit tenir compte dans la pratique des affaires.

plus soucieuse de la popularité du gouvernement, aurait été au moins aussi puissante pour rétablir l'ordre,
si même elle n'en eût pas prévenu la perturbation ; si
elle n'eût pas déconcerté et désespéré les agitateurs, en
ne leur laissant aucun prétexte d'éclater, et en étouf-
fant leurs cris sous les acclamations des masses satis-
faites. Qu'on y songe bien : l'impopularité, qui se vante
d'avoir dompté la sédition, n'a fait le plus souvent que
réparer un mal dont elle avait provoqué le développement, si elle n'en était pas la cause première.

Qu'est-ce d'ailleurs que l'ordre, péniblement rétabli
par la force des armes, dans les villes ensanglantées ?
L'ordre matériel est bien, sans contredit, l'une des
conditions essentielles et des premières nécessités de la
vie sociale. Sans lui, point de sécurité pour les personnes, point de garantie pour les propriétés ; sans
lui, l'incertitude et l'anxiété arrêtent tout essor, tout
élan, tout progrès dans l'atelier national ; les bras sont
frappés de paralysie, et les intelligences, de vertige ou
de stupeur ; il n'y a place dans les esprits que pour les
passions politiques, pour les préoccupations irritantes
et stériles ; le travail et l'étude sont suspendus, toutes
les sources de la production générale tarissent. Cependant, quelque prix que l'on doive attacher à l'ordre
ainsi caractérisé, ce n'est pas encore là l'ordre véritable, l'ordre qui fait vivre et prospérer les sociétés et dont
l'affermissement est un gage de bonheur pour les nations et de durée pour les dynasties. L'ordre, qu'on ne

saurait trop apprécier et célébrer, ne consiste pas seulement dans la paix de la place publique et dans le silence
des rues ; il faut le voir surtout dans la tranquillité des
ames et dans le calme des esprits, dans l'heureuse con-
vergence des opinions et des intérêts vers un but iden-
tique, dans le sentiment universel de la justice et de la
stabilité des lois, dans la confiance réciproque des gouvernans et des gouvernés, dans le respect des citoyens
pour les prérogatives du pouvoir et dans la sollicitude
du pouvoir pour les droits des citoyens. Eh bien ! est-
ce là, nous le demandons, l'ordre que la politique militante s'honore d'avoir rétabli ? Nous pourrions invoquer sur ce point d'irréfragables témoignages. Dans des
circonstances solennelles, le pouvoir a signalé lui-même
des défiances qui entravent incessamment l'accomplissement de sa haute mission, et contre lesquelles il est
décidé à déployer toute sa puissance de résolution et
une persévérance inébranlable. Le pouvoir avoue donc
qu'il n'a pas recouvré toute la confiance qui lui est nécessaire pour faire autant de bien qu'il le désirerait et
que le pays en attend ; il rencontre donc encore devant
lui le soupçon et l'indocilité ; et loin d'avoir repris son
légitime ascendant depuis la dernière révolution , il se
trouve toujours en butte aux préventions hostiles qui
l'assiégeaient il y a trente ans, lorsque M. de Fontanes
disait à la tribune du sénat, que nous vivions dans *un*
siècle où les esprits , travaillés de toutes les maladies de
l'orgueil , ne fléchissent qu'avec peine sous le joug de

l'autorité. C'est précisément ce que nous avons pris à tâche de démontrer : l'ordre moral est toujours à reconstituer, et le principe d'autorité à raffermir. C'est une œuvre immense, que la politique militante ne saurait accomplir, et qu'elle rendra certainement plus difficile et plus tardive.

Hâtons-nous donc d'abandonner cette politique funeste, qui ne fait qu'aggraver et perpétuer ces *maladies de l'orgueil*, dont on parviendrait mieux à guérir les peuples si les dépositaires responsables de la puissance publique songeaient davantage à s'en préserver eux-mêmes. La vanité de l'homme qui ne croit qu'à sa propre intelligence est plus dangereuse encore dans ceux qui sont revêtus du commandement que dans ceux qui sont assujétis à l'obéissance. La présomption de l'inférieur qui supporte avec impatience le frein de la discipline aura le plus souvent des conséquences moins graves que celles que peut produire l'entêtement du supérieur, infatué de ses lumières et de sa puissance, plein de mépris pour les avertissemens qui lui viennent d'en bas et disposé à faire plier toutes les résistances sous le poids de son autorité rationnelle et de son élévation hiérarchique. Quand Voltaire écrivait à d'Alembert : « Que m'importe que le préjugé crie, si j'ai pour moi la raison ? » Il n'entendait point professer par là un dédain systématique pour l'opinion dont Rousseau faisait alors la reine du monde. Il ne tenait ce superbe langage que parce qu'il était profondément

convaincu que les contemporains éclairés et les générations futures confirmeraient ses jugemens. Pour avoir
le droit de parler avec la même assurance, il faudrait
être également certain que ce que l'on traite de *préjugé*
n'est pas *la raison*, et que ce que l'on prend pour *la
raison* n'est pas *le préjugé*. Un vieux diplomate qui,
pendant près d'un demi-siècle, exerça une espèce de
suprématie dans les salons politiques de toute l'Europe
où ses remarques et ses prévisions étaient répandues et
accueillies comme des oracles ; M. de Talleyrand, dont
la mémoire est aussi chère aux conservateurs que son
expérience leur a été utile, disait en pleine chambre
des pairs, vers le milieu de la restauration : « Il y a
quelqu'un qui a plus d'esprit que Voltaire, plus d'esprit
que Rousseau : ce quelqu'un, c'est tout le monde. »
Nous recommandons cette pensée, aussi juste au fond
que piquante en la forme , aux hommes d'état dont
l'esprit, travaillé des maladies de l'orgueil , cherche,
dans l'impopularité, la force des gouvernemens, la consolidation des trônes, la perpétuité des dynasties. Il
serait temps que quelque chose pût les amener à montrer moins de confiance dans l'infaillibilité de leur raison et un peu plus de déférence pour l'opinion de celui
qui a plus d'esprit que Voltaire et que Rousseau. La
politique modeste, qu'ils se vantent d'avoir pra-
tiquée dans la direction des affaires étrangères , leur
réussirait beaucoup mieux que la politique présomp-
tueuse, dans l'administration intérieure de la France.

CHAPITRE III.

Conciliation du principe d'ordre avec le principe démocratique. Préjugés de l'opposition qui contribuent à faire contester, à la démocratie, sa virtualité organique.

En insistant sur l'abandon de la politique militante et sur la nécessité d'une administration impartiale et d'une organisation démocratique, nous sommes loin de conseiller au pouvoir de fermer les yeux sur les trames de ses ennemis et de se mettre à la remorque des réformistes, plus ou moins radicaux, qui le harcèlent, ou à la discrétion des partis qui lui font une guerre plus ou moins vive. Mais la vigilance et la fermeté sont faciles à concilier avec l'impartialité et la modération. Il ne faut pas que cette fermeté et cette vigilance, indispensables à l'égard des minorités turbulentes, soient exagérées au point de devenir oppressives pour les majorités paisibles. Un système général d'administration qui serait fondé sur des considérations spéciales, et dont les prévisions principales s'appliqueraient à des nécessités exceptionnelles et passagères, serait désastreux pour le pays et funeste au pouvoir.

Pour justifier un pareil système, dans notre situation présente, les promoteurs de la politique militante
devraient établir que l'opposition constitutionnelle peut
être assimilée à une conspiration permanente et universelle. Si tous ceux qui désapprouvent leur marche administrative ou leur diplomatie appartenaient en effet
aux sociétés secrètes qui ont juré la ruine de l'ordre
existant; s'ils étaient tous irrévocablement engagés
dans une lutte à mort contre la dynastie régnante, le
gouvernement, dans ce cas, ne saurait trop veiller à sa
conservation et pourvoir à sa défense; et il y aurait
absurdité ou perfidie à lui demander de rester sans
défiance au milieu de conspirateurs acharnés à sa perte
et qui formeraient l'immense majorité de la nation.
Mais heureusement il n'en est point ainsi. Non seulement l'opposition constitutionnelle tout entière proteste
de son attachement inviolable à l'ordre monarchique
fondé en 1830, et il dépendrait de nos gouvernans de
faire cesser son hostilité par un simple changement de
tendance, par quelques modifications dans le système
administratif et dans la politique internationale; mais
parmi ces démocrates tant redoutés et que l'on consi-
dère comme des partisans obstinés des formes républicaines; parmi *ces hommes superbes et violens qui sont
ennemis de l'autorité et dont le discours naturel est de
dire,* selon l'expression de Bossuet : *Qui est notre maître ?* Parmi ces hommes eux-mêmes le plus grand
nombre préférerait le progrès pacifique aux chances

d'un nouveau bouleversement et se rallierait peu à peu à la monarchie issue des barricades, si cette monarchie prenait à tâche de justifier son origine et se montrait moins jalouse d'étouffer la démocratie que de lui faire perdre ses habitudes révolutionnaires, en lui rendant une tardive justice, en lui donnant une large et forte organisation.

Sans être doué du sens prophétique, l'on peut prédire hardiment au pouvoir qu'il n'aura de force et de stabilité, qu'il n'obtiendra un véritable repos et une sécurité parfaite, qu'il ne reprendra sa position suprême et son ascendant irrésistible, que le jour où il se sera établi définitivement, sans arrière pensée, avec loyauté et confiance, sur le sol de la démocratie, qui est le sol de l'avenir.

Et qu'on ne croie pas que nous entendions l'inviter par là à faire une part plus large aux principes et aux passions révolutionnaires, à continuer la politique militante sous un autre drapeau, à perpétuer la partialité administrative dans une direction différente, au profit de l'opposition actuelle. Tout ce que nous avons dit jusqu'ici a dû prouver suffisamment que tel ne saurait être notre dessein. Nous n'avons au contraire qu'un désir et qu'un but, c'est de mettre en relief la nécessité et l'urgence de rétablir la puissance publique, en quelques mains qu'elle soit placée, dans les conditions qui constituent pour elle l'état normal, en l'amenant à se confier à l'esprit de progrès et à s'appuyer sur les forces sociales que la civilisation a créées en France, et que la révolution a élevées sur les ruines de l'ancienne aristocratie. Lorsque la supériorité légale ne sera plus que l'expression de la supériorité réelle, la démocratie sera satisfaite dans ses prétentions légitimes. Se détachant alors de ses stériles négations et de son criticisme turbulent, elle passera de l'état révolutionnaire à l'état organique, et, devenue gouvernementale par une juste participation au gouvernement, elle communiquera la force juvénile dont elle est douée au principe d'autorité qui ne peut plus se relever que par elle.

« La démocratie gouvernementale ! c'est une vaine espérance, c'est le rêve d'un utopiste ! s'écrieront à l'envi les conservateurs rétrogrades de la restauration et les conservateurs stationnaires du nouveau régime. La démocratie moderne n'a jamais su que frönder en politique, blasphémer en religion et faire du dévergondage en morale. Nous l'avons vue plus d'une fois à l'œuvre depuis cinquante ans. Soulever les passions, pousser au désordre, miner par le sarcasme les garanties fondamentales de l'ordre, afin de les renverser plus facilement par le glaive; sanctifier la révolte pour arriver au pouvoir, et organiser la proscription pour s'y maintenir : voilà toute son histoire. Les honnêtes gens sont encore remplis de dégoût et glacés d'effroi au souvenir des saturnales du jacobinisme, des profanations de la terreur et des orgies du directoire. Sous toutes les formes, en frac ou en carmagnole, elle est toujours ennemie de

toute autorité, indisciplinable et impie; hostile aux
rois, rebelle à Dieu, extravagante avec les radicaux,
abominable dans les communistes, jalouse et perturbatrice chez les plus modérés de ses adeptes. »

Il est incontestable, et nous l'avons formellement
reconnu, que jusqu'à présent la démocratie est restée
à l'état purement critique, qu'elle ne s'est guère montrée habile qu'à dénigrer ou à détruire, et qu'il est
sorti de son sein des partis et des factions qui ont provoqué les récriminations et les craintes des conservateurs. Mais a-t-elle mérité d'être signalée comme
absolument antipathique à la religion et à l'ordre,
parce que des essais infructueux ou désastreux furent
tentés sous son drapeau, et que des erreurs, des
fautes et même des crimes, ont été commis en son nom?

La démocratie antipathique à la religion ! Ce n'est
pas ce que pensait Pie VII, lorsque n'étant encore
qu'évêque d'Imola, il disait dans une homélie qui retentit d'un bout à l'autre du monde catholique : «Soyez
bons chrétiens, mes très chers frères, et vous serez
bons démocrates. »

Deux hommes, aussi éminens par leur piété que par
leur savoir, deux démocrates, pleins de foi et de courage, également dévoués à la religion et à la liberté,
Lanjuinais et Grégoire, suivirent et justifièrent le pré-
cepte du prélat qui fut depuis le chef de l'église romaine. Leur exemple ne trouva, il est vrai, que de
rares imitateurs dans le sein de la démocratie française;

mais l'aristocratie, pour avoir beaucoup parlé de son zèle pour la religion, n'a pas été au fond plus religieuse. Le scepticisme a gagné toutes les classes et tous les partis ; et quand de Maistre écrivait : *Il n'y a plus de foi sur la terre,* il accusait les partisans de la monarchie comme ceux de la république. C'était l'incrédulité générale, l'incrédulité de la société tout entière, et non pas seulement celle de la démocratie, que le philosophe catholique déplorait amèrement. Depuis la chûte du régime républicain et sous l'influence des doctrines monarchiques de l'empire et de la restauration, la foi n'a pas reparu, bien que la religion ait semblé parfois redevenir florissante dans ses manifestations extérieures. L'Europe catholique était presque toute soumise aux Bourbons, et les fils aînés de l'église avaient replacé la nation française sous la domination sacerdotale, lorsque Pie VIII laissa tomber, du haut de la chaire pontificale, ces plaintes solennelles : « Les préceptes les plus sacrés sont violés ; les pratiques saintes sont un sujet de moquerie ; tous les enseignemens sont assimilés à de vieilles fables ou à de vaines superstitions. (*) »

Après la révolution de 1830, et malgré l'appui que la monarchie nouvelle a sagement prêté aux idées religieuses, (**) l'épiscopat français a répété les gémisse-

(*) *Lettre encyclique* de Pie VIII.

(**) Il est permis de regretter cependant, en présence du conflit qui

mens du pontif romain ; et peu de jours se sont écoulés depuis que M. de Bonald, archevêque de Lyon , disait dans une publication pastorale : « Quand nous jetons un regard autour de nous, nous ne voyons que profanations de jour en jour plus scandaleuses du jour du seigneur, que licence chaque jour plus révoltante dans les écrits et dans les arts , qu'une hardiesse toujours croissante d'un enseignement qui a cessé d'être catholique et qui est à peine chrétien. (*) »

L'irréligion n'appartient donc pas à l'influence des formes politiques , mais à la marche des idées et à la direction des tendances sociales. La démocratie et l'aristocratie n'ont rien à se reprocher à cet égard. Pour qu'on ait pu dire, sous la restauration, que la loi était *athée*, (**) il fallait que le législateur eût reconnu que s'élève entre l'église et l'état, que la puissance publique , dans ses rapports avec l'épiscopat, se soit laissée entraîner au-delà d'une prudente et bienveillante protection , et qu'elle ait encouragé , par un excès de faveur ou de condescendance, des prétentions qui sont grosses de périls pour tout le monde.

(*) *Mandement pour l'avent de* 1842. Ces doléances pouvaient faire présager les admonitions hautaines de 1844. Cependant, si c'est la foi des peuples qui fait la force des évêques , comment l'épiscopat , après avoir pris à tâche de constater lui-même les progrès de l'incrédulité , manifeste-t-il des exigences et se laisse-t-il aller à des menaces qui sont condamnées d'avance à l'insuccès par le scepticisme universel qu'il déplore avec tant de solennité et d'amertume ?

(**) On dit aujourd'hui : *Nous ne sommes pas un gouvernement que l'on confesse !* Quand le sarcasme gagne la tribune et s'y fait applaudir

la nation n'avait plus de croyances exclusives, et
que l'indifférence (*) en matière de religion était la véritable opinion dominante, selon la pensée qui inspira
le premier écrit et qui fit tout d'abord la haute renommée de l'abbé de Lamennais.

Le doute, dont Voltaire, après Aristote, faisait le
commencement de la sagesse, et qui amène pourtant
la fin de tout ce qu'il y eut de grand et de saint sur la
terre ; le doute a envahi l'universalité des consciences,
et son souffle a desséché le germe des croyances patri-
moniales, chez les conservateurs comme chez les réformateurs. C'est l'esprit de Montaigne, de Bayle et de
l'encyclopédie, qui domine toujours, non-seulement dans
les théories des écoles philosophiques, mais dans la
pratique du monde et dans le domaine des réalités. La
corruption effrontée dont nous avons à gémir a sa
principale cause dans le scepticisme, qui altère la notion
du juste et de l'honnête dans tous les rangs de la société,
sans en excepter les classes qui se considèrent comme
les gardiennes privilégiées des idées morales et religieuses. Nous pouvons dire même que si ce doute com-
mence à exciter quelque part de vives et nobles répu-

de la majorité du parlement et de la nation, l'épiscopat a beau parler
au nom de *la religion de la majorité*, tout ce qu'il y a de véhément et
de superbe dans son langage et dans ses exigences ne constitue qu'un
dangereux anachronisme et ne peut conduire qu'à une recrudescence
de la fièvre philosophique du XVIII° siècle.

(*) **La philosophie moderne triomphe**; l'indifférence pénètre par-

gnances, c'est plutôt du côté des hommes inclinés vers l'avenir que parmi ceux qui restent accroupis sur le présent ou courbés vers le passé. Ce sont des amis du progrès qui ont mis en relief ces paroles de de Maistre, qu'*en considérant l'affaiblissement général des principes moraux, la divergence des opinions, l'ébranlement des souverainetés qui manquent de base, l'immensité de nos*

tout, elle vient d'apparaître dans le sanctuaire même de l'intolérance. M. Guizot a été nommé, il y a peu de jours, par la reine des Espagnes, *Chevalier de la Toison-d'Or!* M. Guizot, plébéien et protestant, introduit par l'héritière de Ferdinand et d'Isabelle, dans un ordre de chevalerie, réservé autrefois à la plus haute illustration du sang et à la foi catholique la plus pure et la plus vive! Quel scandale pour les grands seigneurs qui gardent fidèlement les traditions du comte de Boulainvilliers, et pour les prélats qui s'inspirent des souvenirs du cardinal de Lorraine!

La tolérance philosophique, si voisine de l'indifférence religieuse, a donc envahi les positions les plus élevées de l'ortodoxie romaine et remplacé l'esprit de l'inquisition dans les conseils de S. M. C.! tandis que la royauté de droit divin, entraînée dans le tourbillon démocratique du siècle, fait également fléchir l'orgueil de race devant l'illustration personnelle, en distribuant aux enfans du peuple, recommandés par leur seule capacité, les insignes de la grandeur qui avaient été jusqu'ici le patrimoine exclusif des enfans des Rois.

Ainsi, dans cette démolition immense du vieil édifice européen, chacun met la main à l'œuvre, amis et ennemis du progrès. C'est bien le cas de dire avec M. Guizot : *L'homme s'agite et Dieu le mène !*

Quoique la récompense accordée au ministre français ait pu avoir pour cause des services rendus contre les progressistes espagnols, il n'en est pas moins vrai que la royauté, protectrice du saint office et jalouse des priviléges de la naissance, a fait acte de philosophisme et de démocratie, en honorant, dans M. Guizot, la considération personnelle, en dépit des préjugés religieux et monarchiques.

besoins et l'inanité de nos moyens, tout vrai philosophe doit opter entre ces deux hypothèses : ou qu'il va se former une nouvelle religion, ou que le christianisme sera rajeuni de quelque manière extraordinaire. (*)

Du reste, ce qu'on a dit de la démocratie, on l'a répété souvent de la science, car toutes deux ont été également signalées comme irréligieuses par essence. Cependant, que de savans ont démenti cette imputation! Sans remonter jusqu'à Galien qui s'écriait en terminant son admirable travail sur l'organisation de l'homme : *J'ai chanté le plus bel hymne en l'honneur de la divinité;* nous pourrions citer, parmi les modernes, les noms les plus illustres, Leibnitz, Newton, Képler, etc., etc. Non, la science qui explore l'œuvre de Dieu et qui porte son flambeau sur les merveilles de la création, et la démocratie qui développe la perfectibilité de l'homme et la puissance du peuple selon les vues de la providence, ne sont point hostiles à la religion. Si elles refusent de se soumettre à celles de ses formes qui ont provoqué l'ébranlement de la foi et l'irruption du scepticisme, elles restent néanmoins intimement religieuses, et elles ne craindront pas de le manifester, le jour où la religion, *sujette à la loi du progrès et de la succession,* (**) n'enseignera et ne prescrira rien de

(*) Considérations sur la France. 1797.

(**) « Oui, dit M. Ballanche dont l'ortodoxie n'est pas contestée, la

contraire aux inspirations du philantrope et aux dé-
couvertes du savant.

Ce n'est donc qu'une injuste prévention qui a fait
accuser la démocratie d'être antipathique à la religion ;
il en est de même de l'incompatibilité qu'on lui suppose
avec les idées d'ordre et avec le principe d'autorité.

Puissance destructrice, providentiellement destructrice pour délivrer la France du joug odieux de l'ancien régime, ce fut le tort des circonstances, bien plus
que le sien propre, si elle garda trop longtemps ce terrible caractère. La politique militante lui fut aussi imposée, soit pour accomplir, soit pour défendre la révolution ; et comme elle n'a pas cessé de rencontrer en
face d'elle des adversaires opiniâtres, elle a mis de la
tenacité à conserver ses habitudes d'agitation et ses
allures guerrières. Mais, encore une fois, ce n'est pas
sur les mouvemens convulsifs de son existence révolutionnaire qu'il faut juger de ses moyens organiques et
de ses idées gouvernementales. Les égalitaires, les
communistes, etc., etc., ont été enfantés dans les accès

religion faite pour l'homme dans le temps, est sujette à la loi du progrès et de la succession ; elle se manifeste donc aussi successivement.
Lorsque Dieu a parlé, dans le temps, il a parlé la langue du temps et
de l'homme. L'esprit contenu dans la lettre se développe et la lettre
est abolie. La plénitude des facultés humaines sera la plénitude de la
religion.

« Cette loi de succession, ajoute-t-il, est d'une telle évidence qu'elle
a illuminé Bossuet, l'immobile Bossuet jusqu'à éblouir son fier regard. » (Pallinq soc.)

d'une fièvre qui eut ses phases de délire, et dont l'influence, bien que considérablement affaiblie, agit encore d'une manière plus ou moins sensible jusques sur les démocrates modérés de l'opposition constitutionnelle.

Oui, cette opposition a des préjugés qu'elle tient du vieux libéralisme, et qui, l'empêchant de reconnaître toutes les nécessités du pouvoir et toutes les conditions de l'ordre, la font contribuer à prolonger indéfiniment les défiances réciproques de l'administration et du pays (*) et à retarder le passage de la démocratie à l'état de

---

(*) Il y a un principe qui domine l'instruction criminelle en France; c'est la distinction de l'action publique et de l'action civile. La raison et l'équité demandaient la séparation facultative de ces deux actions. Si nul n'est punissable pour tout acte, qualifié crime ou délit, qu'autant qu'il a eu l'intention de nuire à l'état ou aux particuliers, nul aussi ne doit être privé de la réparation du dommage qu'il a éprouvé, à l'occasion même d'un fait accompli sans intention criminelle et qui ne tombe pas sous l'application de la loi pénale; et il est conforme à la logique, comme à la justice, qu'il demande cette réparation civile à des juges civils, à des magistrats et non à des jurés, alors même que ceux-ci sont appelés à prononcer sur l'action publique dérivant de la même cause.

Eh bien! parce que des magistrats, jugeant civilement, ont accordé des dommages-intérêts à des fonctionnaires diffamés, sans s'arrêter à l'issue de l'action publique contre les prévenus de diffamation, sans se laisser influencer par l'acquittement des diffamateurs, voilà qu'il faut mettre en suspicion la magistrature tout entière, effacer de nos codes une distinction protectrice de tous les intérêts et subordonner un principe d'éternelle justice à des considérations temporaires. L'opposition n'a pas coutume cependant de se montrer fort satisfaite du jury tel

paix et d'organisation, voie unique aujourd'hui pour rajeunir le principe d'autorité et pour lui imprimer une impulsion aussi régulière qu'énergique.

Parmi les préjugés qui exercent un fâcheux empire sur l'opposition, il en est un surtout dont elle a besoin de s'affranchir, si elle tient à prouver qu'elle est propre au maniement des affaires et qu'elle a l'intelligence du gouvernement, c'est celui de la parcimonie (*) systématique dans la fixation des dépenses de l'état. *Le gouvernement à bon marché* serait sans doute une excellente découverte, si la diminution des charges publiques pouvait concourir avec l'accroissement des moyens de défense nationale et de prospérité intérieure. Mais, comme ce concours n'est guère possible, il vaut mieux placer le progrès politique dans le développement de notre puissance au dedans et au dehors, par une admi-

que le lui donnent les triages de l'administration combinés avec les jeux du hasard, et elle le préfère toutefois à la magistrature!......... Ce doit être un sujet de réflexions bien tristes pour nos hommes d'état de voir que la puissance publique est arrivée à se faire considérer comme suspecte jusques dans le sanctuaire de la justice. Mais les partis qui, par condescendance pour les passions du moment, cherchent à se soustraire à des règles fondamentales, s'exposent aussi à justifier le reproche dont on les poursuit incessamment, de nourrir une méfiance et une aversion systématiques contre l'autorité, sans distinction de temps et de lieux.

(*) Il est juste de dire qu'un grand nombre de conservateurs ne sont pas moins imbus de ce préjugé que les membres de l'opposition,

nistration habile et dévouée, dût-on la rétribuer largement, que de le faire consister dans l'amoindrissement
de l'impôt et dans quelques misérables rognures sur le
traitement des fonctionnaires. C'est ne pas comprendre
l'étendue et la grandeur de la tâche qui est dévolue au
pouvoir que de s'appliquer principalement à le chica-
ner sur ses dépenses, comme si le dernier mot de la
science sociale, ou le terme de la civilisation en politique, n'était autre que la mise au rabais de l'autorité
publique.

L'opposition accuse le gouvernement de confier trop
souvent à l'incapacité des emplois importans. (*) Qu'elle
y prenne garde : par de mesquines économies et par
des réductions mal entendues, elle peut contribuer au
résultat qu'elle déplore. La question des avantages pécuniaires attachés aux fonctions publiques influe plus
qu'on ne le pense communément sur la valeur du personnel administratif et sur la force morale de l'autorité.
La démocratie moderne ne ressemble en rien à la démocratie ancienne, et il y a mille raisons de s'en féliciter. L'égalité n'a plus besoin, pour subsister, de la
sauce noire ; elle peut vivre en très bon voisinage avec

(*) Un journal conservateur, *la Presse* (n° du 5 décembre 1842),
exprimait le même blâme, et il demandait que l'on attachât un traitement plus considérable aux fonctions de sous-préfet, par exemple,
soit pour y appeler des hommes supérieurs et en écarter la médiocrité,
soit pour donner à l'administrateur les moyens de représenter plus
convenablement la puissance publique.

le bien-être matériel, et quelque réforme que l'on espère, on n'obtiendra jamais que les français du XIXe
siècle rétrogradent jusques aux mœurs des spartiates.

Les démocrates de l'antiquité, ne pouvant mieux
faire, fondèrent leur égalité sur la communauté de
privations et lui imposèrent l'alliance monstrueuse de
l'esclavage ; notre égalité, au contraire, s'allie à la liberté universelle et tend à s'établir dans le domaine des
jouissances et des commodités de la vie. Dans l'enfance
de la civilisation, les législateurs des républiques anciennes, s'adressant à des peuples pauvres, firent acte
de prévoyance et de sagesse en mettant en honneur la
pauvreté, et ils ne durent pas craindre d'affaiblir le
respect et la considération dont le pouvoir n'a pu se
passer en aucun temps, en le soumettant à la règle
commune, en l'obligeant à rester dans les limites des
habitudes et des nécessités nationales. Il faut s'estimer
heureux que les mêmes nécessités ne pèsent pas sur
notre siècle et sur notre pays, et que nous soyons dis-
pensés d'ériger la pauvreté en vertu. Dieu n'a pas
donné en vain à l'homme une puissance croissante sur
la nature ; l'homme, en cultivant fructueusement le
don de Dieu, est parvenu, de découverte en découverte
et de progrès en progrès, dans les sciences et dans l'industrie, à améliorer et à embellir une existence qui fut
primitivement environnée d'aspérités, de douleurs et
de périls. Ce ne peut plus être un mérite, aux yeux du
créateur, de se borner à la contemplation des mer-

veilles et de s'interdire la jouissance des richesses de la création. La politique, la philosophie et la religion qui recommandèrent prudemment autrefois la simplicité, l'austérité et la résignation à des nations ignorantes et grossières, à des sociétés dont les ressources industrielles étaient presque nulles et qui étaient organisées pour traverser des siècles de fer; la politique, la philosophie et la religion, disons-nous, ont compris qu'elles devaient se montrer aujourd'hui moins exigentes et moins sévères. Tandis que les gouvernemens, constitutionnels ou absolus, se préoccupent vivement de la prospérité matérielle des états, les philosophes prennent pour sujet des concours académiques l'influence du bien-être matériel sur la moralité des peuples, et l'on a vu des prélats venir avec empressement mêler les pompes de la religion aux fêtes de l'industrie.

Dans cet entraînement général des esprits, dans ce mouvement universel des nations civilisées, au sein de populations qui s'agitent de toutes parts pour demander au travail de les initier aux douceurs de la vie, comment le pouvoir obtiendra-t-il la considération et l'influence dont il a besoin pour accomplir dignement sa mission, s'il reste seul pauvre (*) en face d'un peuple riche; s'il est condamné à vivre mesquinement, selon les préceptes de Licurgue, de Zénon ou du Christ,

---

(*) L'on comprend que nous parlons ici du pouvoir considéré dans l'universalité de ses dépositaires et à tous les degrés de la hiérarchie.

au milieu d'un monde qui accroît incessamment ses moyens de bien-être, qui porte avec orgueil les insignes de la fortune et qui est disposé à juger de l'importance d'une fonction par la valeur des avantages matériels qu'elle procure ? Ne faisons point d'anachronisme : dans l'ancien régime, les emplois publics, sauf dans les finances où la noblesse craignait d'entrer à cause de la dérogeance qui s'y trouvait attachée ; les emplois publics étaient gratuits ou peu rétribués, parce qu'ils formaient le patrimoine des classes privilégiées qui possédaient d'ailleurs la plus grande partie de la richesse nationale, sans supporter la moindre part des charges publiques. Les dépositaires de l'autorité, tous opulens ou aisés, comme possesseurs de fiefs ou de bénéfices, comme rentiers ou propriétaires, n'étaient pas obligés de compter sur un traitement pour se faire une position sociale conforme à leur élévation politique. Mais aujourd'hui que la carrière administrative est ouverte à tous les français, sans distinction de classes, et que nos institutions commandent de préférer le pauvre intelligent au riche incapable, pourquoi conserver les traditions de l'antiquité et suivre les erremens de l'ancien régime ? Quand le bien-être matériel est universellement apprécié et recherché, l'importance du traitement doit contribuer, non seulement à faire trouver des fonctionnaires capables, mais encore à les entourer du respect et des égards qui leur sont nécessaires, pour représenter convenablement et pour exercer, avec succès et dignité, l'autorité dont ils sont revêtus.

« Julien, dit M. de Maistre, appauvrit le sacerdoce
pour le faire mépriser. » Si c'était là le but de l'opposition à l'égard de l'autorité, elle aurait raison de se
montrer parcimonieuse envers les fonctionnaires. En
persévérant dans ce système, elle justifierait de plus en
plus la remarque de l'un des membres les plus considérables de la représentation nationale, M. Dufaure,
et les emplois de simples commis seraient bientôt universellement préférés aux charges de la magistrature.
Mais alors l'opposition devrait se résigner à demeurer
exclue du pouvoir dont elle poursuivrait ainsi la dé-
considération, et ce serait à bon droit que les conservateurs lui reprocheraient d'être inhabile à comprendre
et à pratiquer le gouvernement.

Napoléon, *qui avait la science du pouvoir* (*) et qui
savait à quelles conditions il se fait obéir et respecter ;
Napoléon avait aperçu le lien intime qui, de nos jours,
rattache la rétribution des fonctionnaires à leur ascendant et à leur dignité. (**) C'était pour lui une nécessité

(*) Paroles de M. de Montalivet, ancien ministre de l'empire, à la
tribune de la chambre des pairs, sous la restauration.

(**) « Jusqu'à ce jour, et c'était l'avis de Napoléon qui s'y entendait,
on avait pensé, dit M. Duveyrier *(Lettres politiques)*, que les fonctionnaires chargés d'administrer la fortune publique, de rendre la justice, de veiller à la sûreté, d'enseigner la jeunesse, de négocier au nom
du pays, n'accomplissaient pas dans l'état un travail moins important
et moins respectable que les simples particuliers qui bornent leur sollicitude à toucher le loyer de leurs maisons ou le semestre de leurs

d'ordre général de proportionner l'importance du traitement à celle du service, et de donner aux agens de
l'autorité des moyens de représentation en rapport avec
les besoins matériels et moraux de leur charge. Aussi
veilla-t-il toujours à ce que les faveurs du trésor , ré-
servées à l'homme public, ne fussent point détournées
au profit de l'homme privé. Il n'aurait point souffert
que l'entrée dans la carrière administrative devint une
espèce de spéculation mercantile et que la foule se pres-
sât dans les avenues du pouvoir, comme les aventu-
riers dans les ports de l'atlantique, pour courir après
la fortune. S'il est vrai que l'ambition serve en effet de
manteau à la cupidité et que l'on recherche le pouvoir
afin de s'enrichir par de sordides économies , voilà le
mauvais penchant dont il faut préserver les dépositaires
de la puissance publique et que l'opposition fera bien
de combattre.

A qui profitent d'ailleurs les retranchemens opérés
sur le budget ? ils n'ont évidemment quelque importance que pour les riches contribuables et ils n'appor-
tent aucune amélioration sensible au sort des classes
pauvres et laborieuses ; tandis que l'augmentation d'im-

rentes, à gérer leurs intérêts de négoce, à cultiver leurs champs, à
débiter leurs marchandises ou à jouer sur les fonds........ L'empereur
mettait son orgueil à ce que les fonctionnaires publics fussent respectés
et bien rétribués ; il est vrai qu'il ne souffrait pas dans l'administration
des bouches inutiles ; qu'il n'y réservait par l'avancement à la médiocrité. »

pôt qui aurait pour but de grands travaux d'utilité publique, la construction de ponts, de routes et de canaux, la fondation d'écoles gratuites, primaires ou professionnelles, et l'établissement d'ateliers publics, devrait être accueillie comme un bienfait pour le peuple dont elle améliorerait notablement la condition, sans amoindrir sérieusement le revenu et sans rien changer aux habitudes de l'opulence oisive. « On croit communément, disait un annotateur d'Helvétius, en 1788, que les campagnes sont ruinées par les corvées, les impositions et surtout par celle des tailles ; je conviendrai très volontiers qu'elles sont très onéreuses : il ne faut cependant pas imaginer que la seule suppression de cet impôt rendit la condition des paysans fort heureuse.... Supposons qu'on leur fit remise entière de la taille, ils auraient à peu près un liard de plus à dépenser par jour ; or, ce liard ne changerait sûrement rien à leur situation. » Que gagnerait donc la masse de la nation à une simple diminution des charges publiques, quand leur suppression totale ne pourrait exercer qu'une influence insignifiante sur sa position ; et comment prendre au sérieux les alarmes qu'on ne cesse de lui inspirer sur l'accroissement de l'impôt, dont les variations se réduisent, après tout, à quelques centimes de plus ou de moins sur la côte du paysan et de l'ouvrier ? Il ne faut pas sans doute que les dépenses de l'état soient exagérées jusqu'à compromettre la richesse publique et à porter la perturbation dans les fortunes particulières ;

mais, tout en se prémunissant contre cette exagération, ne vaudrait-il pas mieux songer à perfectionner l'assiette, la destination et l'emploi des contributions, que de porter toute son attention et toute sa sollicitude sur le chiffre des budgets ? On a eu beau crier au scandale et au paradoxe lorsqu'on a entendu professer que l'impôt était le meilleur des placemens, cette proposition, qui a tant révolté la parcimonie parlementaire des fanatiques partisans du gouvernement à bon marché, serait pleine de sens et de vérité si l'impôt, respectant le denier du pauvre, ne faisait qu'employer l'or des classes aisées et fortunées à ouvrir de nouvelles sources d'instruction et de richesse, à donner plus de force et de considération à l'autorité, plus de moralité et de bien-être au peuple, plus de sécurité et de grandeur à la nation, toutes choses, nous le répétons, que l'organisation de la démocratie pourra, seule, rendre possibles et faciles.

CHAPITRE IV.

La démocratie organique, réalisant l'égalité pro-
portionnelle , dans la hiérarchie , doit conduire
à la réhabilitation du pouvoir.

« Qu'entendez-vous donc par l'organisation de la
démocratie, nous dira-t-on, si ce n'est la mise en pratique du suffrage universel et de toutes les spéculations
abstraites de l'école radicale? »

Ce ne sera pas aux publicistes de l'opposition que
nous irons demander de nous fournir une réponse;
nous l'emprunterons aux théoriciens qui possèdent au
plus haut degré la confiance du gouvernement, aux
professeurs dont l'enseignement porte le cachet de l'autorité, aux fonctionnaires éminens dont les paroles, les
écrits et les actes ont un caractère semi-officiel.

« La concorde se rétablirait dans l'industrie et dans
la société , dit M. Michel Chevalier, à l'aide d'une organisation intelligente des forces qui aujourd'hui se font
la guerre; l'ordre renaîtrait sous les auspices d'une
égalité organique qui seule aura la puissance d'en finir
avec l'égalité anarchique. »

Voyons maintenant ce que peut être cette égalité

organique dont la réalisation tardive ne serait pas autre que l'organisation même de la démocratie.

Il y a plus d'un demi-siècle que le principe de l'égalité a été reconnu et proclamé, en tête de nos lois fondamentales : il s'agit désormais d'en assurer et d'en étendre l'application par la puissance des institutions et des lois secondaires. Lorsque la moralité, la science et le talent seront à peu près certains d'arriver à la position que la raison et la justice leur assignent dans tout état libéralement et sagement constitué ; quand on ne leur demandera plus s'ils sont accompagnés de la naissance ou de la fortune, s'ils sont recommandés par l'esprit de parti, pour les élever au rang qui leur est dû ; quand tout salaire sera la représentation proportionnelle d'un travail ; quand toute combinaison et tout mouvement dans la hiérarchie administrative seront facilement justifiables devant la logique et l'équité, et que toute promotion et toute récompense ne feront que mettre en saillie des mérites et des services incontestables, alors l'égalité organique sera constituée ; alors le travail, dans ses variétés infinies, aura reçu l'organisation que réclament les économistes qui ont sondé le plus profondément les plaies de la société actuelle ; alors l'autorité, fortifiée par le concours de tout ce qu'il y aura d'utile, de généreux et de puissant dans l'état, ne se verra plus arrêtée à chaque pas, dans la poursuite du bien général, par le *veto* aujourd'hui inévitable des intérêts spéciaux et des exigences locales ;

(*) alors elle n'aura plus à redouter les agressions démocratiques, parce qu'elle représentera elle-même la véritable démocratie ; alors, et seulement alors, l'abîme
des révolutions, que tant de gouvernemens se sont vai-
nemens flattés d'avoir comblé, depuis quarante ans,
sera réellement et définitivement fermé.

La nécessité d'assurer, par des lois organiques, l'application des principes consacrés par les lois fondamentales, ne fut jamais mieux sentie qu'en ce moment.
Sous l'influence d'un ministre, (**) dont le caractère

(*) L'anarchie des intérêts et les embarras du pouvoir se sont mani-
festés surtout d'une manière désespérante, sur les trois questions, si
importantes, des *sucres*, des *chemins de fer*, et de *l'union douanière avec
la Belgique*.

(**) Cet homme d'état, cherchant à arrêter la restauration dans la
voie où elle s'est perdue, fut autrefois l'un des premiers à avertir
le pouvoir qu'il n'y avait plus d'aristocratie possible, en France, que
celle du mérite personnel. Voici en quels termes ce publiciste célèbre
signalait au gouvernement de Louis XVIII la nécessité de reconnaître
les nouvelles supériorités sociales et de réaliser les conquêtes théori-
ques de l'esprit d'égalité qui étaient et qui sont toujours susceptibles
d'application.

« Les citoyens, disait M. Guizot, doivent être livrés à leur propre
mérite, à leurs propres forces ; il faut que chacun puisse par lui-même
devenir tout ce qu'il peut être, et ne rencontre, dans les institutions,
ni obstacle qui l'empêche de s'élever, s'il en est capable, ni secours
qui le fixe dans une situation supérieure, s'il ne sait pas s'y maintenir...... que l'autorité s'allie partout aux supériorités réelles, et elle
verra si la force et l'influence leur manquent, si elles ne sont pas des
auxiliaires plus utiles et plus sûrs que des supériorités factices et men-

6

énergique et les hautes facultés semblent rechercher la lutte pour s'y déployer avec éclat, la politique militante est arrivée à son apogée. L'ennemi qui inquiète le plus cet homme d'état n'est ni au-delà de la Méditerranée, ni au-delà de la Manche ou du Rhin, ni derrière les Alpes ou les Pyrénées ; il est au sein de la France, et non-seulement dans les vieux manoirs de la légitimité ou dans les échopes du communisme, mais jusques sur les bancs de la chambre et dans les rangs de cette opposition dynastique, dont les diverses fractions, plus ou moins rapprochées du centre, n'ont pourtant d'autre prétention que de rendre la monarchie de 1830, plus nationale dans sa diplomatie et plus démocratique dans son administration.

Avec une telle peur du dedans, on ne gouverne pas, on guerroie ; et l'autorité perd, à ce choc perpétuel entre le pouvoir et le pays, son plus beau titre à l'estime et au respect des peuples, l'impartialité. Il y a nécessité pour elle, dans une position aussi anormale,

songères..... La France de la révolution est d'hier; elle sort à peine du chaos ; tant d'hommes sur qui elle voulait compter, ont changé si souvent de principes, de parti, de situation ! Il est impossible que la véritable, la naturelle aristocratie de l'ordre nouveau soit déjà formée et bien distribuée sur la face du pays..... Mais, croyez-moi, ce n'est pas par les théories du privilége que vous lutterez contre la doctrine de l'égalité ; ce n'est pas en essayant de ramener les aristocraties, grandes et petites, de l'ancien régime, que vous imposerez le frein et la règle à la révolution. » (*Des moyens de gouvernement et d'opposition*, etc., etc. — 1821.)

de faire passer l'opinion avant la capacité, et de se préoccuper moins, dans ses choix, des qualités morales et intellectuelles des candidats, que de leur tendance politique, de leurs affinités électorales et de leurs appuis parlementaires. La grande politique lui est interdite ; le joug des localités et des coteries pèse inévitablement sur elle dans les plus graves questions d'intérêt général, comme dans les simples nominations de fonctionnaires. Les difficultés et les besoins de la situation veulent que les exigences du moment, les convenances du jour, tout ce qu'il y a de mesquin et d'infime dans les calculs et les passions de parti, l'emportent sur les considérations de l'ordre le plus élevé, soit qu'il s'agisse de faire une promotion, soit qu'il faille prendre une mesure. Nous n'avons pas à insister sur ce que nous avons dit tant de fois, qu'une politique, aussi fatalement partiale et tracassière, ne peut qu'entretenir le malaise et l'agitation dans les esprits, la méfiance et l'insubordination autour de l'autorité. Quand le pouvoir s'épuise à combattre, il ne lui reste plus, ni temps ni force, pour gouverner ; et, son action administrative étant ainsi frappée de stérilité, il ne retire de l'antagonisme violent auquel il se livre sans réserve, que des haines opiniâtres et des embarras toujours croissans.

« Il n'est pas un employé, dit M. Duveyrier, à quelque degré de la hiérarchie qu'il soit placé, quelle que soit son opinion politique, qui, à tout instant, dans ses rapports avec le public et avec l'autorité supé-

rieure, ne soit saisi de tristesse et de découragement.
L'administration, dans tous les services et à tous les
degrés, est devenue, pour le public, un objet de méfiance et d'attaques continuelles, et il faut avoir le courage de le dire, ses chefs naturels, occupés incessamment à refaire ou défaire des majorités, n'ont le temps
ni le pouvoir de la protéger. »

Supposons maintenant que la politique militante
cesse d'absorber les moments et les forces de l'autorité,
et que l'esprit de conciliation et de progrès remplace le
système d'intimidation et de résistance dans les conseils du gouvernement; eh bien ! dans cette hypothèse
encore, la nécessité d'en finir avec l'égalité absolue, par
la réalisation de l'égalité proportionnelle, restera la
même. Il sera toujours urgent de se prémunir contre
les doctrines anarchiques du communisme , et contre
les maximes non moins dangereuses des conservateurs
qui s'efforcent d'arrêter le développement naturel de l'é-
galité, en subordonnant le mérite à la naissance et à la
fortune, sinon dans leurs théories constitutionnelles,
du moins dans leurs habitudes administratives. Ce sera
le moment de guérir à la fois, la société, de la fièvre
d'indiscipline, et l'autorité, de la manie de la partialité
et du favoritisme; en d'autres termes, ce sera le moment d'organiser la démocratie ou le travail, et de relever le principe d'autorité, en assurant, par des lois
efficaces, à tous les membres de la cité, aux producteurs
de tous les ordres, le rang marqué par leur aptitude et

la rétribution méritée par leur labeur. C'est ainsi que la politique militante et la turbulence démagogique perdront respectivement leur raison d'existence, et que, dans toutes les carrières ouvertes à l'activité humaine, dans toutes les divisions de l'atelier national, dans toutes les branches de l'administration publique, la hiérarchie se trouvant fondée sur la vraie égalité, il y aura patriotisme, intelligence et force dans le commandement ; confiance, liberté et satisfaction dans l'obéissance ; paix et prospérité dans l'ensemble de l'économie sociale.

Espérer un état social parfaitement conforme à cette théorie, et dans lequel les droits de chacun seraient toujours exactement appréciés et religieusement respectés, ce serait se nourrir d'illusions et se jeter dans l'utopie. Dieu, on le sait, n'a pas fait l'homme pour la perfection, il l'a créé seulement perfectible. Le bien absolu sera toujours pour les sociétés humaines, comme pour les individus, un bien inaccessible, mais vers lequel toutefois elles devront diriger sans cesse leurs efforts et leurs vœux, parce que cette tendance, si elle ne les mène pas à une complète félicité, les poussera néanmoins à une condition de jour en jour meilleure. En tout, ne l'oublions pas, c'est l'amélioration et non la perfection qu'il faut se promettre et rechercher. Un législateur de l'antiquité fit l'application de cette maxime : les législateurs de tous les temps feront bien de se montrer aussi modestes que Solon.

Que la science politique et la philautropie s'unissent
donc pour assurer au principe d'égalité proportionnelle,
sinon une application parfaite, du moins une réalisation croissante. Si, pour obtenir ce résultat, il faut
faire encore quelques pas dans la voie des réformes, et
même des pas nombreux et difficiles, laissons-là nos
frayeurs de vieillards et marchons en avant, avec prudence et modération sans doute, mais aussi avec courage et persévérance. « Dans la situation actuelle de
la société, dit le professeur habile que nous avons déjà
cité, innover est au nombre des premiers besoins des
peuples, car ils ne peuvent rester comme ils sont, et il
ne leur est pas permis de rétrograder....... L'économie politique moderne doit adopter pour sa devise
cette pensée de Bàcon : *Que celui qui repousse des re-
mèdes nouveaux s'apprête à des calamités nouvelles.* »

L'innovation, dans l'ordre d'idées où nous sommes
placés, ne provoquerait pas du reste les ébranlemens
et les périls qui s'offrent trop facilement à l'imagina-
tion des conservateurs dont M. de Lamartine a si bien
défini le symbole. De quoi s'agit-il en effet ? de poursuivre graduellement l'application la plus certaine et la
plus large possible d'un principe universellement reconnu et légalement consacré, c'est-à-dire, de faire
passer de plus en plus l'égalité, du droit dans le fait,
de la métaphysique constitutionnelle dans la pratique
administrative, des fictions de la loi dans les réalités
de la société.

Napoléon, qui essaya de restaurer le blason un jour
que son génie sommeillait, Napoléon a proclamé, sur
son rocher de Ste-Hélène, que l'amour de l'égalité était
le sentiment dominant en France. Son plus illustre ad-
versaire, M. de Châteaubriand, a rendu hommage au
même sentiment. Jetant sur l'avenir social de notre
pays un coup d'œil prophétique, ce noble chef de la
vieille aristocratie, ce fidèle gardien du culte du passé, a
prédit que les distinctions qui nous semblent aujour-
d'hui nécessaires et indestructibles seraient considérées
un jour comme fabuleuses. Tout ce qu'il y a de plus
éminent, en poésie et en science philosophique, est venu
confirmer le témoignage du grand homme et les prévisions du grand écrivain. Le règne de l'égalité est pro-
che, tous les oracles du monde intellectuel l'annoncent.
Les signes des temps ont apparu à Lamartine, à Bé-
ranger et à Lamennais, comme à Châteaubriand et à
Napoléon.

Il ne faudrait pas croire cependant que nous regar-
dions comme susceptibles d'une réalisation prochaine
toutes les spéculations des esprits transcendans qui
s'efforcent de lire dans l'avenir. Les sublimes concep-
tions des poètes et des philosophes n'ont le plus souvent pour l'homme d'état qu'une valeur prophétique.
Mais la prophétie, alors même qu'elle s'applique à des
temps très éloignés, n'est pas à dédaigner dans la pratique actuelle et il n'est pas rare qu'elle renferme des
avertissemens d'une utilité immédiate. Dire où Dieu

mène l'humanité, c'est indiquer implicitement ce qu'il
faut faire dès aujourd'hui pour rester dans les voies
providentielles et pour ne pas lutter envain contre la
force des choses. Les utopistes, qui semblent absorbés
par la contemplation de l'avenir, font donc leur œuvre
dans le présent et participent plus qu'on ne pense à la
tâche contemporaine. Il s'agit de les comprendre et de
les apprécier. Souvent on les prit pour des fous, et il
est arrivé que leur folie n'avait été que l'aperception
anticipée de la raison qui éclaira et régit les âges sub-
séquens.

Les hommes qui tiennent, de nos jours, le sceptre
de la poésie et de la philosophie, et dont on a l'habitude
de nier l'autorité en politique, parce que leur langage
est plein d'inspiration et d'enthousiasme quand ils par-
lent des destinées de la race humaine ; ces hommes ne
sont pas les seuls du reste qui signalent, dans les trans-
ports de leur exaltation solitaire, la venue d'une ère
nouvelle et le règne de l'égalité. Des esprits essentiellement positifs, et qui se mêlent avec succès aux débats
journaliers de la tribune et de la presse, pensent et s'expriment comme nos philosophes et nos poètes, sur
l'avenir de la société européenne, dès qu'ils s'élèvent
au-dessus des préoccupations du moment et que leur
regard franchit l'étroite limite de la polémique quoti-
dienne. Après M. Michel Chevalier, théoricien hardi
et explorateur infatigable du monde matériel, nous
citerons M. de Tocqueville, à qui son livre sur la dé-

mocratie américaine a fait ouvrir les portes de l'institut et de la représentation nationale. « Si de longues observations, dit-il, et des méditations sincères amenaient les hommes de nos jours à reconnaître que le développement graduel et progressif de l'égalité est à la fois le passé et l'avenir de leur histoire, cette seule découverte donnerait à ce développement le caractère sacré de la volonté du souverain maître. Vouloir arrêter la démocratie paraîtrait alors lutter contre Dieu même.... Penserai-je que le créateur à fait l'homme pour le laisser se débattre sans fin au milieu des misères intellectuelles qui nous entourent ? Je ne saurais le croire : Dieu prépare aux sociétés européennes un avenir plus fixe et plus calme. Il me paraît hors de doute que tôt ou tard nous arriverons, comme les américains, à l'égalité presque complète des conditions. »

Rapprochons-nous donc le plus possible de cette égalité que les intelligences supérieures signalent dans le lointain et qu'il faut se garder d'entendre dans le sens des niveleurs et des communistes. Les conditions seront à peu près égales, sans qu'il y ait identité de position pour les individus, sans que l'ordre hiérarchique soit anéanti et que toute émulation soit détruite, lorque chacun sera placé et rétribué selon son mérite et son travail, et que l'on ne verra plus des classes orgueilleuses, oisives et opulentes, fouler aux pieds des classes humiliées, laborieuses et indigentes. C'est là que nous mènent évidemment nos institutions et nos

mœurs, également démocratiques. Sachons reconnaître
cette double impulsion et évitons soigneusement de la
contrarier. L'égalité, et ce n'est pas une des moindres
causes du malaise universel, l'égalité s'irrite de rester
indéfiniment reléguée dans les sublimes régions des
théories et des vanités constitutionnelles; elle veut
passer dans le domaine des réalités, dans la pratique
gouvernementale.

Mais il ne suffirait pas du bon vouloir et de la constance d'un prince ou de ses ministres pour opérer ce
changement et pour le rendre durable. Une condition
principale d'existence et de bien-être pour les peuples
ne doit pas être abandonnée aux chances du sort et au
caprice des hommes; il lui faut toute la protection des
institutions les plus sages et les plus fortes.

Travaillons donc à réaliser par de bonnes lois secondaires le principe qui domine nos lois fondamentales. Que la prévoyance du législateur laisse le moins
de place possible à l'arbitraire de l'homme; qu'elle ne
donne pas à l'égalité, pour toute garantie, l'intelligence probable et le patriotisme présumé des dépositaires du pouvoir. Le mode de composition et le mode
d'action de l'autorité doivent être réglés par des dispositions organiques aussi sacrées que la constitution elle-
même, et de telle sorte que la puissance publique soit
généralement confiée aux plus dignes et que ceux-ci
justifient toujours ou presque toujours cette confiance.
Quand les conditions légales d'une nomination auront

rendu un mauvais choix invraisemblable, et que le mécanisme administratif sera assez fortement organisé et
assez sagement combiné pour ne laisser que peu de
chances à l'erreur ou à la forfaiture, le pouvoir n'aura
plus à craindre d'être traîné sur la sellette, dans la
personne de ses principaux agens, comme on l'a vu
plus d'une fois devant les assises de la Seine, et les organes de la vindicte publique ne seront plus réduits à
flêtrir par d'éloquentes et sévères remontrances les plus
hauts fonctionnaires, en les accusant de manquer du
sens moral.

La transmission et l'exercice du suprême pouvoir
étant invariablement fixés par la charte, toute proposition de réforme, à cette hauteur de la hiérarchie, est
constitutionnellement impossible et sagement interdite.

Mais, sans manquer au respect que la loi fondamentale exige pour une grande institution, et tout en
faisant des vœux pour que la France n'ait jamais qu'à
s'applaudir de la nouvelle consécration, donnée, en
1830, à l'hérédité monarchique, on peut rappeler aux
publicistes et aux hommes d'état, à tous ceux qui s'oc-
cupent de politique spéculative ou pratique, les avertissemens que nous a fournis l'histoire contemporaine,
pour démontrer que la capacité est tellement aujour-
d'hui le seul principe d'élévation et d'autorité, accepté
par la raison publique et sanctionné par les faits,
qu'elle a été prise le plus souvent en considération,
dans la dispensation même du suprême pouvoir, et

qu'elle a exercé, à l'encontre des constitutions d'origine diverse, toute la supériorité d'une puissance réelle sur une puissance fictive. Voyez en effet ce que nous enseigne à cet égard le XIXᵉ siècle.

Depuis 40 ans, soit que la souveraineté du peuple intervienne, soit que la force des armes décide, c'est toujours la valeur personnelle, la considération de l'homme, qui détermine, avant tout, en France, le choix des chefs de l'état, et qui pèse plus que l'influence des principes et des institutions dans la balance de nos destinées.

En 1804, les constitutions de l'empire couronnent le génie dans Napoléon et promettent le trône, à perpétuité, à la famille du nouveau monarque. Mais, quand le génie disparaît, les constitutions de l'empire, à peine établies, tombent en désuétude et restent ensevelies dans le plus profond oubli; parce que le vœu national, tout en embrassant, dans la forme, la postérité de l'empereur, ne s'applique, au fond, qu'au grand homme qui a été reconnu le plus capable de régner, et qui peut ne pas léguer sa capacité à celui qui héritera de son nom. Aussi, a-t-on essayé un jour de renverser son gouvernement, en répandant seulement le bruit de sa mort : *à son fils, personne n'a songé !* Selon son exclamation douloureuse sur les ruines de Moscou.

En 1814, le droit divin procède comme le droit national. L'ordre de successibilité est maintenu, non seulement par respect pour le principe héréditaire;

mais aussi parce que l'application de ce principe désigna cette fois le plus apte au commandement parmi les princes légitimes ; et quand ce politique habile descend au tombeau, son successeur, à qui la providence n'a pas accordé les mêmes facultés, compromet bien vîte et perd pour toujours l'héritage de ses pères. L'inaptitude de l'homme une fois punie par la déchéance du roi, les constitutions de l'ancienne monarchie , la loi salique et le sacre de Reims n'ont pas plus d'effet pour le fils de Charles X, que les constitutions de l'empire , les sénatus consultes et le scrutin national de 1804 et de 1815, n'en ont eu pour le fils de Napoléon. Les légitimistes eux-mêmes , les légitimistes les plus éclairés et les plus considérables, reconnaissant que le prince, appelé au trône par le privilège de la naissance, pourrait n'être pas moins inhabile que le prince déchu à régner sur un grand peuple, invoquent et obtiennent abdication sur abdication , afin de faire passer la couronne à un enfant, qui leur donne au moins des espérances de capacité, et dont ils puissent dire qu'il sera un Saint-Louis, un Henri IV ou un Louis XIV, joignant aux nobles sentimens de sa race, une intelligence parfaite de son siècle. Mais cette substitution du petit fils à l'héritier immédiat du trône ne suffit pas à la nation qui veut être gouvernée par une capacité actuelle et certaine, et non par un génie à venir et conjectural. Alors les députés de la France mettent à l'écart cette vieille loi du royaume qui leur commande de

confier le sort du pays à un enfant qui va grandir
sous l'influence des regrets et des préjugés de deux
vieillards que le bras du peuple, conduit par la main
de Dieu, a repoussés du trône; et la couronne est offerte à un prince qui a rendu des services et donné des
gages à la nouvelle France; à un prince dont l'expérience consommée, la supériorité d'esprit et la grande
habileté ne sont un mystère pour personne. (*)

(*) Qu'on y réfléchisse maintenant : s'il est vrai que nul n'arrive
ou ne se maintient au pouvoir qu'en s'appuyant principalement sur
ses qualités personnelles, comment pourra-t-on exiger raisonnablement que celui qui aura été élu, pour ses hautes facultés, condamne
ensuite à l'inaction la plus absolue cette sagacité et cette intelligence
qui l'auront fait porter au suprême pouvoir? Il est impossible que la
capacité couronnée n'enfante pas ce que l'opposition repousse avec
tant de force; sous le nom de *gouvernement personnel*. Le roi *auto-
mate* n'est, ni de notre âge, ni de notre pays; il ne conviendrait pas
longtemps à une nation qui est habituée et qui a quelque droit à se
montrer exigente, à l'endroit de ses gouvernans.

Mais il y a là aussi matière à de sérieuses méditations pour les conservateurs qui ne vivent pas au jour le jour et dont la pensée s'étend
à l'avenir..... Plus l'intervention de la capacité suprême, dans les affaires de l'état, est naturelle et nécessaire, plus il importe qu'elle soit
exactement et pleinement renseignée sur les vœux et les besoins du
pays. Hommes d'état à qui la monarchie nouvelle a confié ses destinées, une grande responsabilité pèse sur vous. Les temps sont difficiles pour les rois, et surtout pour les fondateurs de dynastie ; n'ajoutez
pas aux difficultés des temps, en entourant le trône de fausses lumières
et de funestes systèmes. Songez que l'autorité suprême est réservée à
un enfant, et voyez s'il y a véritable sagesse et dévouement intelligent
à semer l'impopularité sur la route qu'il doit suivre pour atteindre le
poste élevé où la loi a marqué sa place.

Que se passe-t-il ensuite? Des prétendans se présentent : l'un porte le nom de Napoléon ; l'autre descend en ligne directe de Louis XIV. Eh bien ! croient-ils l'un et l'autre qu'il leur suffise de venir à la frontière montrer les titres de leurs familles, pour que les portes de la France s'ouvrent et que le chemin du trône s'applanisse devant eux. Loin de là. Le neveu du grand homme cherche d'abord à prouver qu'il a consacré sa jeunesse, non aux plaisirs, mais à l'étude, et il prélude à ses tentatives de révolution, par des publications scientifiques. Puis, quand la fortune lui a fait trouver des juges là où il s'était flatté de rencontrer des auxiliaires, il déclare qu'il n'a voulu que se porter candidat à la suprême magistrature, pour laquelle il venait seulement ouvrir un concours national. Du reste, il prend soin d'instruire la France qu'il continue à s'occuper, dans sa prison, de travaux sérieux, et il fait paraître, de temps à autre, des écrits où il développe sur la philosophie politique et sur les améliorations sociales, des idées qui sont toutes empreintes du cachet de la démocratie moderne.

Le duc de Bordeaux, à son tour, lui, l'espoir d'un parti que la lumière philosophique importune et pour lequel la rétrogradation est instinctive ; le duc de Bordeaux fait annoncer aussi de bonne heure que son éducation l'élèvera à toute la hauteur des connaissances de son siècle. Il passe ses jeunes ans à explorer, dans ses détails, le vaste domaine des richesses intellectuelles ;

il visite toutes les nations de l'Europe, non en chevaleresque pélérin, ni en élégant touriste, mais en ap-
prenti homme d'état, qui va demander à chaque peuple
le secret de tous ses perfectionnemens, dans les sciences, dans les arts et dans l'industrie. Puis, si quelqu'un
de ses hôtes affecte d'assigner les rangs autour lui,
selon l'ordre héraldique, il oublie qu'il est le plus noble représentant de l'illustration héréditaire, et il revendique, au nom de la France libérale, la prééminence
pour l'illustration personnelle.

Ces jeunes princes comprennent donc que le privilège de la naissance, le prestige de la tradition et le
témoignage de l'écriture ne forment plus toutes les
conditions que la providence exige de ceux qui aspirent ou qui président au gouvernement des peuples.
Mais ce qu'ils ont vu, au jour du malheur, les enfans
plus heureux qui s'élèvent autour du trône (*) ne

(*) Que l'on se rappelle la consternation profonde qui se manifesta
dans toute la France, à la mort du duc d'Orléans, et dont les traces
sont loin d'être effacées. Il y avait dans cette impression universelle,
si vive et si douloureuse, une appréciation instinctive des besoins du
pays et des difficultés dynastiques de l'époque. Aussi, l'un de nos hommes d'état, dont l'esprit a autant de promptitude et de pénétration
que son intelligence a de l'élévation et de l'étendue, s'écria-t-il en ap-
prenant ce funeste évènement : « La politique de la France est chan-
gée ! » Ce fut ce rapide sentiment des exigences de la situation nouvelle qui détermina l'attitude et le langage de M. Thiers, dans la
question de la régence. Il lui parut, et l'opposition refusa de se placer
à ce point de vue ; il lui parut que la tâche du pouvoir était assez la-

l'apercevront-ils pas à travers les illusions de la grandeur ? Les prétendans n'ignorent pas qu'ils ont des rivaux, nés d'un sang non moins illustre, et qu'une éducation libérale préservera des atteintes de l'orgueil héréditaire, pour les doter de vertus et de lumières qui les rendent dignes de commander aux hommes ; et ils savent aussi que ces rivaux n'auront pas besoin d'invoquer le génie des révolutions et d'exposer de nouveau leur pays aux tempêtes, pour arriver au timon de l'État.

Mais il ne suffirait pas, pour désespérer les prétendans, que toutes les présomptions de supériorité personnelle se rencontrassent dans le sein de la famille régnante. Ce n'est pas assez de se défendre contre eux par le mérite des hommes, il faut leur opposer aussi le mérite et la puissance des actes, des institutions et des doctrines. Conseillers de la couronne, qui êtes sincèrement dévoués à la dynastie de juillet, gardez-vous donc de laisser à ses ennemis le droit de dire qu'ils connaissent mieux que vous les besoins de la France, et qu'ils auraient plus que vous aussi l'intention et le pouvoir de leur donner satisfaction. Une grande tâche est à remplir. La France de la révolution attend envain depuis un demi-siècle une discipline appropriée à son nouvel état.

boricuse de nos jours, et que les ennemis de la dynastie seraient suffisamment encouragés par les embarras ordinaires des minorités et par les tendances du siècle, pour ne pas leur fournir encore l'occasion de spéculer à la fois sur la faiblesse de l'âge et sur celle du sexe.

7

La démocratie, qui est impérissable comme la nation
en qui elle est incarnée, et au profit de laquelle s'ac-
complira certainement la prophétie du plus éminent
(*) d'entre vous; la démocratie vous demande d'étudier
ce qu'il y a de légitime au fond de ses prétentions, de
ses doléances et de ses menaces, et de lui accorder ce
qui est évidemment juste, raisonnable et nécessaire.
Songez qu'elle est la souveraine inévitable des temps
qui approchent; voyez de qui elle reçoit déjà des hommages, et avisez......

Pour garantir, contre le retour des orages politiques,
le faîte de notre édifice constitutionnel; pour rendre
indestructible par les révolutions ce que les lois ont
sagement déclaré inattaquable; il faut que la prudence
législative ne laisse rien à faire à la fougue révolutionnaire de ce que le siècle a mission d'accomplir, de tout
ce qui porte le sceau de la nécessité providentielle, et
qu'elle déchire ainsi d'avance le manifeste et le programme des ennemis de la dynastie. Pour mieux contenir l'esprit de réforme dans les limites que la charte
lui a tracées, ouvrez-lui donc toutes les voies qui ne
lui sont point constitutionnellement interdites, et per-
mettez-lui de s'y exercer librement. Si la royauté doit

_____

(*) « La France, disait M. Guizot sous la restauration, est entrée
dans la carrière de la liberté. On peut y suspendre sa marche ; on n'y
arrêtera pas sa pensée. Les esprits s'élanceront vers l'avenir que le
ministère nous refuse, car, on a beau faire, cet avenir nous appartient. (*Des moyens de gouvernement et d'opposition*, etc.—1821.)

rester inaccessible à ses investigations et à ses expériences, il ne saurait en être ainsi des autres pouvoirs
de l'état.

Les conditions d'éligibilité, les formes électorales,
l'attribution d'autorité et le système d'action, pour la
pairie, pour la députation, pour la magistrature,
pour toutes les fonctions civiles et militaires, peuvent
être modifiés sans que le pays s'en émeuve trop profondément et que le sol tremble. Il ne s'agit que de procéder avec discernement et avec mesure, en marchant
toutefois, avec résolution et constance, vers l'égalité
proportionnelle qui est le premier besoin de notre siècle.
La corruption politique, dont les progrès effraient et
contristent les honnêtes gens de toutes les opinions,
ne s'arrêtera ; la fièvre révolutionnaire et l'atonie gouvernementale ne cesseront d'affliger la France, que
lorsque la foi en l'autorité aura reparu ; et l'autorité ne
fera croire en elle qu'en se séparant de la supériorité
factice pour s'attacher à la supériorité réelle. C'est
en cela que consiste, selon nous, l'établissement de la
démocratie organique, laquelle ne sera, à vrai dire,
qu'une nouvelle et dernière aristocratie, la seule désormais possible et légitime, l'aristocratie des vertus,
des talens et des services.

CHAPITRE V.

Objections de l'école radicale.
Réponse.

Cependant cette aristocratie, qui répond à tout ce qu'il y a de juste et de réalisable dans les prétentions démocratiques, et dont l'inauguration excite de si vives répugnances parmi les conservateurs d'origine diverse, privilégiés de la naissance ou de la fortune; cette aristocratie n'est pas plus en faveur que ses devancières auprès des écrivains les plus distingués du radicalisme. « Que l'inégalité, mère de la tyrannie, dit » l'auteur de *l'Histoire de dix ans,* se produise dans le » monde, au nom des succès de l'esprit, ou bien au » nom des victoires de la force, qu'importe? Dans l'un » et l'autre cas, la charité disparaît, l'égoïsme triom- » phe, et le principe de la fraternité humaine est foulé » aux pieds. » Voyons si cette assimilation absolue de l'aristocratie de l'esprit à l'aristocratie de la force peut être justifiée, et devant la raison et devant l'histoire.

Il est certain d'abord que la domination, fondée sur

la force physique, ne peut s'exercer et se maintenir que par la violence dont elle dérive. Essentiellement brutale, grossièrement égoïste, il est naturel qu'elle se montre oppressive et qu'elle foule aux pieds et la charité et la fraternité. Mais il ne saurait en être ainsi de la domination qui est fondée sur la supériorité morale; car, supposant toujours un développement quelconque des facultés intellectuelles et des généreux instincts de la sociabilité, elle est naturellement antipathique à la coërcition matérielle qui est la négation même de la puissance spirituelle. Si elle a recours à la violence, ce ne peut être que par inconséquence et par exception. Comme la prééminence de l'esprit et les nobles qualités de l'ame forment seules son titre à la direction des affaires publiques, la culture de la pensée, les travaux de l'intelligence, et partant l'adoucissement des mœurs et la propagation des idées civilisatrices deviennent pour elle des conditions d'existence. Ce n'est donc que par une grave erreur, ce nous semble, qu'une pareille aristocratie peut être dénoncée aux amis de l'égalité comme enfantant la tyrannie, comme excluant la charité et consacrant l'exploitation de l'homme par l'homme, tout autant que l'aristocratie de la force brutale. L'histoire est là du reste pour protester contre cette injuste dénonciation, quoique l'aristocratie spirituelle du moyen âge, entâchée de féodalité et mêlée trop souvent aux abus de la force, ait pu donner lieu à des reproches que ne saurait encourir l'aristocratie spirituelle de l'avenir.

Que l'on nous dise, en effet, qui a civilisé l'Europe moderne, qui imposa les trêves et la paix de Dieu à des sociétés barbares, constituées par la guerre et pour la guerre ; qui rendit la vie aux lettres, aux arts et aux sciences ; qui encouragea la culture du sol et l'affranchissement du cultivateur ; qui a développé enfin, pour nous les transmettre, ces sentimens de charité et de fraternité dont nous nous montrons animés, si ce n'est cette aristocratie de l'esprit que l'on veut confondre avec l'aristocratie du glaive et de la naissance pour les frapper d'une réprobation commune ? Un illustre écrivain, que toutes les nations, jalouses de la gloire littéraire, envient à la grande Bretagne ; un homme qui ne fut qu'un romancier, et qui a laissé derrière lui bien des historiens, dans la peinture des mœurs du moyen âge ; Walter-Scott a marqué en traits ineffaçables l'immense distance qui sépara l'aristocratie spirituelle de l'aristocratie féodale, quand il a mis face à face l'évêque de Liége et *le sanglier des Ardennes.* Louis de Bourbon et le farouche Guillaume, voilà les deux types fortement caractérisés des deux aristocraties entre lesquelles on ne veut pas voir aujourd'hui de différence.

Si les seigneurs ecclésiastiques imitèrent parfois les seigneurs laïcs et abusèrent comme eux de la puissance féodale, ils agirent moins alors comme les dépositaires et les représentans du pouvoir spirituel dont ils violaient les principes de charité et de fraternité par cette

scandaleuse imitation, que comme associés aux droits
et aux priviléges de la force brutale. Il y eut des prélats et des abbés qui se montrèrent plus imbus de l'esprit féodal que des maximes évangéliques, et qui furent
plus soldats que prêtres, plus portés aux jouissances
mondaines qu'aux exercices religieux, plus jaloux de
la domination politique que de l'autorité pastorale,
comme il y eut des princes temporels qui subirent plus
l'influence de l'éducation chrétienne que celle des
mœurs féodales et qui subordonnèrent leur souveraineté politique à leur foi religieuse ; nous en avons deux
exemples remarquables dans Charlemagne et dans
Saint-Louis. Mais ce sont là des exceptions qui, au
lieu d'effacer, font ressortir la règle. En général, chacun resta dans son rôle et justifia son origine. L'aristocratie de l'esprit mérita si peu d'être entièrement assimilée à l'aristocratie de la force, que ce fut, nous ne
saurions trop le répéter, par l'influence même de ses
doctrines et de ses actes, que les principes de charité
et de fraternité, dominant dans les théories de ce siècle, purent traverser les âges de barbarie sans cesser
de se fortifier et de s'étendre, et qu'ils finirent par
triompher de la brutalité féodale. En vérité, les publicistes radicaux devraient être les premiers à reconnaître que la supériorité intellectuelle, exclusive du privilége de la naissance et uniquement fondée sur les
qualités personnelles, ne peut être confondue, sans injustice et sans déraison, avec les aristocraties militaires

et héréditaires. Le plus illustre des hommes monarchiques de notre temps, M. de Châteaubriand, a mieux compris qu'eux l'essence démocratique de l'aristocratie spirituelle, quand il a dit qu'au moyen âge, *le peuple s'était fait prêtre.*

Sans doute il importerait peu; comme le dit l'historien de la révolution de juillet, que *l'inégalité, mère de la tyrannie, se produisit au nom des succès de l'esprit, ou bien au nom des victoires de la force, pour étouffer la charité, fouler aux pieds la fraternité et livrer le monde à l'égoïsme.* Mais l'aristocratie du mérite personnel n'est pas exclusivement fondée sur *les succès de l'esprit;* elle repose avant tout sur la supériorité morale qui consiste moins elle-même dans les talents que dans le dévouement social et les vertus civiques, c'est-à-dire, dans une intelligence plus grande et une pratique plus constante des principes de charité et de fraternité, au nom desquels on voudrait la rendre suspecte.

Cependant les démocrates ombrageux qui repoussent avec tant de vivacité l'aristocratie de l'esprit sont forcés de reconnaître que l'égalité absolue est impossible, et s'ils refusent de prendre en considération la différence des mérites et des services dans la distribution du revenu social, ils permettent du moins que l'on tienne compte de la diversité des aptitudes et des capacités, dans la formation de la hiérarchie. Que le plus capable soit le plus haut placé, c'est, selon eux, *souve-*

rainement raisonnable. Mais *rétribuer chacun selon sa capacité !* « Eh, que faire alors des idiots ? dit l'auteur
» que nous avons cité. Que faire des infirmes ? que
» faire du vieillard frappé d'une incurable impuissance?
» Les laisser mourir de faim ? Il le faut, si on affirme
» que la société ne doit à ceux qui la composent
» qu'en raison de ce qu'elle reçoit d'eux..............
» Les besoins sont l'indication que Dieu donne à la
» société de ce qu'elle doit à l'individu. Les facultés
» sont l'indication que Dieu donne à l'individu de ce
» qu'il doit à la société. Donc, il est dû davantage à
» celui qui a le plus de besoins, et il est permis d'exi-
» ger davantage de celui qui a le plus de facultés. Donc,
» d'après la loi divine, écrite dans l'organisation de
» chaque homme, une intelligence plus grande suppose
» une action plus utile, mais non pas une rétribution
» plus considérable ; et l'inégalité des aptitudes ne sau-
» rait légitimement aboutir qu'à l'inégalité des devoirs.
» La hiérarchie par capacités est nécessaire et féconde;
» la rétribution par capacités est plus que funeste, elle
» est impie. » (*Hist. de dix ans.* tom. III, pag. 108,
» 109 et 110.)

Ainsi, on tolèrera l'inégalité hiérarchique, on accor-
dera au génie de passer avant l'idiotisme, on mettra
l'intelligence au-dessus de la stupidité, toutes les fois
qu'il s'agira d'exiger de l'intelligence et du génie, qu'ils
rendent de plus grands services à la société et qu'ils
contribuent davantage au bonheur général. Mais s'ils

veulent être rémunérés par la société en raison de leur coopération à la prospérité commune, on leur répondra que Dieu a manifesté sa suprême volonté dans l'organisation de chaque homme, et qu'il a imposé à la société l'obligation de donner à chacun de ses membres selon ses besoins, et non pas selon ses services ; de telle sorte que l'inégalité, si révoltante quand elle dérivera de la différence des facultés, sera acceptée comme une nécessité de l'ordre divin quand elle sera fondée sur la différence des besoins, et que la répugnance invincible des semi-niveleurs pour l'inégale rétribution suivant les nobles qualités du cœur et de l'esprit, n'aboutira qu'à lui faire substituer l'inégale rétribution suivant les exigences de l'estomac. Si jamais l'intelligence sociale venait à faillir jusqu'à permettre l'application de pareilles doctrines, la capacité morale ne donnant lieu qu'à une aggravation de charges, les hommes supérieurs n'auraient plus qu'à cacher soigneusement leur mérite et qu'à se faire stupides, comme Brutus, à la cour de Tarquin.

« Mais, nous dira-t-on, est-il nécessaire que la récompense soit matérielle, qu'elle s'évalue en richesses ? Il est pour l'homme, grâces au ciel, d'autres et de plus énergiques mobiles. Avec un morceau de ruban qu'il promettait d'attacher à la boutonnière des plus braves, Napoléon a fait voler au-devant de la mort une armée d'un million d'hommes. Le mot *gloire*, bien ou mal compris, a fait à l'univers ses destinées. » (*Hist.* de dix ans, pag. 109, tom. 3.)

- M. Louis Blanc, dont nous sommes loin d'ailleurs de contester le haut mérite littéraire, la sagacité critique et l'impartialité historique ; M. Louis Blanc pense donc que les amis de l'égalité proportionnelle, en invoquant la rétribution par capacités, entendent appliquer exclusivement ou principalement ce mode de rémunération, à la satisfaction des besoins physiques et au bien être matériel ? Qu'il se détrompe : ceux qu'il accuse de vouloir ainsi rabaisser et rétrécir la reconnaissance de la société et l'émulation de ses membres, sont les premiers à reconnaître qu'il existe en effet pour l'homme de plus énergiques mobiles que les richesses ; que Napoléon a fait des miracles avec *un morceau de ruban*, et que le mot *gloire* a influé et continuera d'influer puissamment sur les destinées de l'humanité. Ils savent et ils proclament que les jouissances intellectuelles, les distinctions honorifiques et les avantages moraux de toutes sortes tiennent une large place dans le cœur et dans la vie de l'homme, et ils les mettent au premier rang dans la rétribution selon les mérites et les services.

Mais le brillant écrivain qui regarde comme *funeste et impie* la rétribution par capacités, entend-il que l'on distribue autrement les récompenses morales ? Veut-il aussi, puisqu'il ne distingue pas dans son anathème, veut-il qu'on consulte encore les besoins et non les facultés, les désirs et non les services, pour dispenser les décorations et la gloire ? Dans ce cas, la nullité ambi-

tieuse, logiquement traitée avec la même prédilection
que la stupidité vorace dans la satisfaction des besoins
physiques, devrait être plus honorée que le génie modeste ; et le lâche, avide de distinctions, aurait plus de
droits que le brave désintéressé, au *morceau de ruban.*
Cette conséquence révolterait, à coup sûr, le publiciste
radical. Pourquoi donc la répugnance si vive qu'il manifeste pour la rétribution par capacités, et la préférence qu'il donne à la rétribution selon les besoins ?
Cela tient évidemment à une méprise et à une préoc-
cupation généreuse.

Démocrate ardent, dominé par la puissance de ses
sympathies pour la cause du peuple, il a cru que la
rétribution par capacités s'appliquait exclusivement
aux choses matérielles, à celles surtout qui constituent
pour l'homme les premières nécessités de la vie , et il a
repoussé, avec une sainte indignation, comme funeste
et impie, une répartition dont l'inégalité exposerait les
membres invalides de la société et le plus grand nom ·
bre des travailleurs à subir de cruelles privations et à
manquer du nécessaire, en face d'une minorité, gorgée
de richesses, saturée de jouissances et dissipant en scandaleuses superfluités les fruits de la production générale.

Il s'en faut pourtant que la rémunération proportionnelle conduise à un pareil résultat et qu'elle consa-
cre un contraste aussi révoltant. La récompense selon
les œuvres, ne l'oublions pas, est subordonnée à la for-

mation de la hiérarchie selon le mérite ; et les plus capables, dans cette hiérarchie, ne sont pas ceux qui brillent seulement par les succès de l'esprit, mais ceux qui marquent surtout par les qualités du cœur, par l'élévation du caractère, par la grandeur d'ame ; ceux qui possèdent au plus haut degré le sentiment d'humanité, et dont la philantropie, aussi intelligente qu'active, ne fait de l'autorité publique que l'expression vivante de la charité et de la fraternité.

Ainsi définie, la capacité, loin d'aspirer à perpétuer l'exploitation de l'homme par l'homme et à faire pâtir la médiocrité, l'ineptie et l'impuissance, pour se procurer à elle-même une vie plus commode et une existence somptueuse ; ainsi définie, disons-nous, la capacité devient une véritable providence, attentive à fournir le plus possible à tous les membres de la société des moyens de conservation et de bien-être. Sous ses auspices, la satisfaction des besoins physiques, attachés à l'organisation de chaque homme, est certaine et complète pour tous. Depuis l'ouvrier le plus obscur jusqu'au plus éminent fonctionnaire, la part de l'humanité est faite avant celle de la société : toute nudité est couverte, toute tête est abritée, toute faim est appaisée, toute faiblesse est assistée, toute douleur est soulagée. Et cette sollicitude puissante ne s'applique pas seulement au travailleur de l'ordre le plus infime, elle s'étend encore à l'oisif forcé, aux incapables de toutes sortes, aux enfans, aux vieillards, aux idiots, sans que la logique ait à souffrir de ce respect pour l'humanité, parce que la rétribution selon les œuvres n'est ni le principe ni le but de la société. Ce n'est que dans l'intérêt général, dans l'intérêt surtout du faible de corps ou d'esprit, que la société, déléguant ses pouvoirs et organisant son action, prend la capacité pour règle et fait du mérite le levier universel. Mais son principe, c'est l'amour de l'humanité; son but, l'amélioration morale, intellectuelle et physique de l'universalité de ses membres. La rémunération proportionnelle n'est que le moyen jugé le plus sûr et le plus conforme aux notions d'éternelle justice, pour réaliser ce principe et pour atteindre ce but. Si elle laisse en dehors de son application des êtres inhabiles au travail, ces êtres restent sous la protection de la pensée suprême qui présida à la fondation de la société et qui doit dominer tous ses actes; pensée philantropique avant tout, et dont l'influence souveraine assure une satisfaction complète aux exigences de la nature, sans déranger les combinaisons sociales.

Sous le règne de l'égalité proportionnelle, les règles de la logique se concilient donc parfaitement avec les lois de l'humanité; et loin que la rétribution selon les facultés et les actes mérite d'être réprouvée comme *impie*, elle n'est qu'une religieuse imitation de ce qui se passe dans l'ordre divin où la suprême justice nous apprend elle-même à donner à chacun selon ses œuvres.

Si nous avons mis quelque insistance à répondre aux attaques dont la rémunération par capacités a été l'objet de la part des écrivains radicaux, c'est que nous voyons en elle le seul mode d'organisation que la démocratie puisse raisonnablement adopter; c'est que la constitution d'une aristocratie des vertus et des talens (*) nous paraît être l'unique voie qui nous soit ouverte pour échapper définitivement aux anciennes aristocraties, et pour faire retrouver au principe d'autorité l'énergie et l'éclat que le XVIIIe siècle lui a fait perdre et que le XIXe ne lui a pas encore rendus.

(1) « L'aristocratie, dit l'auteur des *lettres politiques,* est un fait nécessaire, éternel; il s'agit seulement de savoir où l'on en placera le principe virtuel. La féodalité l'avait mis dans le dévouement militaire; l'ordre nouveau demande qu'il soit placé dans la supériorité des talens, dans les services rendus. » Le dévouement doit rester dans l'ordre nouveau le premier titre à la considération et à la puissance; seulement il ne s'appliquera plus exclusivement au métier des armes et il prendra le caractère pacifique. Que les amis de l'égalité organique n'oublient donc jamais d'exprimer qu'ils placent les vertus avant les talens, la supériorité morale avant la supériorité intellectuelle, s'ils ne veulent fournir aux partisans de l'égalité absolue l'occasion de renouveller la méprise que nous avons signalée.

TROISIÈME PARTIE.

Indication sommaire des moyens d'organiser l'égalité proportionnelle, ou la démocratie, et de relever le pouvoir.

CHAPITRE PREMIER.

L'éducation nationale, base de l'organisation démocratique. Influence de la constitution de l'enseignement sur la réhabilitation du principe d'autorité. Questions et embarras du moment. La démocratie pacifique, seul refuge du pouvoir contre les prétentions du parti ultramontain.

Les générations qui ont grandi ou vieilli, sous l'influence des idées et des habitudes révolutionnaires, ne guériront que difficilement, nous devons le reconnaître, des maladies de l'orgueil et du criticisme invétéré dont se plaignaient les conservateurs de l'ancien régime et de l'empire. Ce sera donc à en préserver la jeunesse et l'enfance qu'il faudra s'appliquer ; ce sera à la direc-

8

tion morale et politique des générations nouvelles que le pouvoir devra principalement s'attacher. L'esprit frondeur des enfans du XVIIIe siècle, qui sont aujourd'hui les anciens de la nation, perdrait beaucoup sans doute de son exagération et de sa vivacité, si, dans la distribution de la puissance publique et dans le règlement du mécanisme gouvernemental, une satisfaction raisonnable était inviolablement assurée au principe de l'égalité proportionnelle, à cette rétribution par capacités qui répugne tant aux partisans de l'égalité absolue. Mais cette satisfaction, dont les résultats pourraient être plus ou moins lents à se produire, ne saurait opérer toute seule la réconciliation sincère et l'alliance indissoluble de la démocratie et de l'autorité. Avant de songer à placer chaque membre de la société, selon son aptitude morale et intellectuelle, il est naturel de penser à cultiver, en lui, la moralité et l'intelligence. Un bon système d'éducation nationale doit donc être la base de l'organisation démocratique.

La fondation de ce système présenterait, il est vrai, en ce moment, des difficultés nombreuses, et rencontrerait de graves obstacles. Sous le double manteau de la religion et de la liberté, on proteste, avec solennité, avec colère, avec menace, contre l'unité de l'enseignement et contre la suprématie de l'état. Disons un mot sur cette question à la fois si importante et si délicate.

Le pouvoir social a incontestablement pour mission

principale de présider au développement des facultés de chaque citoyen, de prévenir par l'éducation et de réprimer par la législation les atteintes à l'ordre public et à l'inviolabilité des personnes et des propriétés.

L'éducation de l'enfance et l'instruction de la jeunesse forment donc la partie la plus essentielle de la tâche qui lui est confiée. Il ne pourrait l'abandonner aux citoyens eux-mêmes, isolés ou réunis en corporations, sans renier l'esprit de son institution, sans se dépouiller de sa plus haute prérogative, sans manquer à son premier devoir, sans exposer l'état à l'anarchie.

Toute société politique a un principe et un but. Si l'état ne se fait pas le précepteur, l'instituteur, le professeur universel, comment pourra-t-il empêcher que l'éducation et l'instruction ne soient dirigées contrairement à son principe et à son but?

Il ne s'agit pas ici, dira-t-on, d'une société abstraite, ou d'un peuple naissant, mais d'une nation qui a des mœurs et des croyances anciennes, et dans le sein de laquelle s'agitent et s'entrechoquent des intérêts, des préjugés et des convictions qu'il faut amener à vivre paisiblement sous une loi commune.

Il est très vrai que l'on ne peut pas procéder envers une nation déjà vieille, comme à l'égard d'un peuple vierge. Les antécédens veulent être ménagés; il faut les brusquer, les froisser le moins possible. Mais si leur existence, protégée par la vétusté, ne fait que maintenir l'état dans une situation irrégulière et périlleuse, en perpétuant l'antagonisme dans les idées et le désordre dans les esprits, l'état, au lieu de favoriser le développement de cette dissidence, subversive de l'harmonie sociale et menaçante pour la paix publique, l'état doit tendre incessamment à l'atténuer, à la restreindre et à la faire disparaître pour arriver à l'unité. Or, la voie la plus directe et la plus sûre qui puisse conduire à ce résultat plus ou moins lointain, c'est la direction suprême de l'enseignement.

Maintenant, cette suprématie peut-elle, sans inconséquence et sans inconvéniens graves, se réduire à une vaine surveillance sur des établissements libres, formés en dehors de l'institution nationale qui aura été chargée de l'éducation et de l'instruction publiques ? Nous ne le pensons pas. (*)

La liberté de l'enseignement ne doit pas être assimilée à la liberté de la presse. Entre elles, quelle différence ! la presse agit au grand jour ; elle s'adresse généralement à des hommes mûrs, qui peuvent juger ses écarts et résister à ses sophysmes. Si elle sert d'organe à l'erreur, elle fournit incontinent à la vérité le

---

(*) Que dirions nous donc si on dispensait de toute surveillance et de toutes les conditions, pécuniaires ou autres, imposées par le droit commun aux pensions et institutions particulières, précisément ceux des établissemens libres qui auraient le plus besoin d'être surveillés, comme instrumens passifs d'une puissance, certainement rivale et peut-être ennemie de la puissance civile.

moyen de rétablir ses droits, et la police répressive est toujours avertie assez à temps du mal que peut occasionner la licence des écrits pour en obtenir la réparation, prompte et exemplaire. L'enseignement libre, au contraire, fonctionne dans l'ombre ; il agit sur des êtres sans discernement et sans défiance ; sur des enfans dont l'ame et l'intelligence demeurent passives entre les mains du maître qui peut ne leur apprendre, en religion, en morale, en philosophie, en politique, que ce qui est conforme à ses propres idées et à ses vues personnelles, ou à celles d'un parti ; et quand le mal est produit, il n'apparaît le plus souvent que lorsqu'il est devenu irréparable. Supposez une génération, élevée en majorité dans des établissemens libres, sous des influences hostiles à l'ordre existant : sera-t-il temps de songer aux dangers de la liberté d'enseignement, quand cette génération, parvenue à la virilité, fera irruption dans le monde, pour s'emparer des hautes positions de la société, avec des sentimens, des principes et des préjugés, également exclusifs de toute affection et de tout respect pour le gouvernement que les mandataires de la nation auront adopté? Si cette génération n'est pas assez nombreuse et assez puissante pour faire une révolution, elle sera toujours assez remuante pour troubler le pays. Alors les antécédens que le législateur aura respectés se retourneront contre lui-même. Les apôtres et les sectateurs persévérans des vieilles croyances et des anciennes institutions n'au-

ront profité de la tolérance de la loi et de la modération de l'autorité que pour envahir peu à peu tous les
rangs de la société et pour creuser une vaste mine
sous les institutions nouvelles qui auront été pour eux
trop scrupuleusement libérales. Une fois maîtres de la
situation , ils vous diront ce qu'il y avait au fond de
leurs clameurs contre le monopole, et vous vous aper-
cevrez, un peu tard sans doute, qu'ils n'invoquèrent la
la liberté de l'enseignement , avec des formes si pas-
sionnées, que pour parvenir à l'anéantissement de toutes les libertés.

Que chacun se demande à présent si ce raisonnement
hypothétique ne s'applique pas parfaitement à la
France. D'où viennent les vœux les plus ardens pour
la liberté d'enseigner ? N'est-ce pas des hommes qui
se sont montrés constamment les adversaires des principes libéraux et qui ont signalé avec amertume le
progrès des lumières comme la plaie du siècle et la
source de l'impiété ? Oui, on veut être libre de déraciner lentement, dans l'esprit de nos enfans, l'amour de
la liberté ; on veut être libre de les façonner au joug
et de les disposer à redevenir esclaves ; on veut être
libre de travailler sourdement au retour de toutes les
servitudes. Voilà, en réalité, la liberté que réclament
les ennemis naturels et irréconciliables de la révolution.

N'allons pas toutefois leur en faire un crime. Ils
subissent la loi de leur position et de leur conscience.

Les précepteurs exclusifs de l'ancien monde sont per-
suadés que le monde nouveau s'égare et se perd dans
les voies où la philosophie l'a poussé, et ils voudraient
le replacer sous leur patronage souverain , au moyen
d'une concurrence (*) qu'ils espèrent soutenir avec
succès contre l'université. Aspirer à gouverner la na-

(*) Le parti clérical ne s'émeut si vivement pour la liberté de l'enseignement qu'à cause des avantages moraux et matériels que possède
le clergé et qui manquent aux simples citoyens pour soutenir la concurrence. Les congrégations religieuses ont à leur disposition des ca-
pitaux inépuisables pour fonder des établissemens , et une influence
mystérieuse pour les faire prospérer. *On ne confesse pas le gouvernement*, mais on confesse les gouvernés, les mères de famille surtout, et
l'on sait ce que peut produire, sur l'esprit d'une femme, une menace
partie du tribunal de la pénitence.

L'état aura à se défendre lui même contre cette influence ; on le lui
a fait assez comprendre, dans la polémique qui s'est engagée entre les
champions de l'université et ceux de l'église. Les corporations religieuses seraient moins ardentes à faire déclarer, en droit , la liberté
de l'enseignement, si elle ne devait pas constituer, en fait, l'inégalité à
leur profit, et aboutir tôt ou tard à un monopole réel, caché sous des
formes libérales. Dans ce cas, il est vrai, les pères de famille pourraient s'en mêler et venir en aide à l'état. L'esprit sacerdotal opèrerait
sans doute plus difficilement qu'il ne l'espère, sur un peuple dominé
par l'esprit philosophique. Mais que de conflits et de tiraillemens pro-
voqueraient ses expériences et ses tentatives ! Que de discussions domestiques et de troubles publics en résulteraient !

L'état a besoin de rester armé de toutes pièces et de veiller sans re-
lâche pour résister à l'ennemi qu'il a en face et pour prévenir des
luttes auxquelles le XIX° siècle ne devait pas s'attendre. Qu'on en juge
par ces paroles d'un orateur qui a dit n'exprimer que la pensée de l'é-
piscopat : « Vous exciterez contre vous, au sein de la population la plus
tranquille et la plus honnête, une de ces résistances que ne dompte

tion pour parvenir à la sauver, c'est une entreprise dont la sainteté ne sera certainement contestée par personne, et qui est digne des successeurs des Bernard et des Hilaire.

Mais les Bernard et les Hilaire puisaient le droit d'enseigner la nation dans leur intelligence de ses besoins, dans leur dévouement à ses intérêts, dans le témoignage universel qui attestait leur supériorité morale et rationnelle.

L'épiscopat du moyen âge marchait à la tête de la civilisation, au lieu de s'effrayer de ses progrès. Les grandes lumières étaient dans son sein, comme les grandes vertus; lui seul était capable et digne d'instruire les peuples. Il savait, il voulait et il pouvait tout ce que le perfectionnement social exigeait alors.

pas la force matérielle, et qui survivent à toutes les violences et à toutes les finesses de la politique. En un mot, vous courez droit sur un écueil où se sont brisées des puissances plus fortes que la vôtre. » (Disc. de M. de Montalembert, à la séance du 21 mai.)

On s'est hâté, à la vérité, de contester à cet orateur le droit de parler au nom des évêques ; mais comme les publications de l'épiscopat prêtaient un appui irréfragable à l'assertion du noble pair, on s'est ravisé et l'on a dit que l'opinion de quelques prélats ne pouvait être considérée comme la pensée du clergé français. Aussitôt le clergé de la capitale s'est levé en masse et s'est rendu à l'archevêché pour témoigner qu'il adhérait pleinement aux doctrines et aux manifestations de son vénérable chef ; et le prélat a remercié cette phalange sacrée d'avoir donné un exemple qui allait être suivi par le sacerdoce français tout entier.

Voilà une belle occasion pour la politique militante de rompre des lances ; mais elle n'aime pas à les tourner de ce côté.

Le clergé a-t-il aujourd'hui, par-dessus tous, cette science, cette volonté et cette puissance? (*) Est-il toujours à la tête des influences civilisatrices? Son ascendant s'exerce-t-il encore au profit et selon le vœu de la nation, pour être accepté par elle comme souverain? La France est-elle disposée à subir une réaction sacerdotale, et à laisser effacer de son histoire, les trois siècles de philosophie qui ont préparé sa grande révolution, et cette révolution elle-même?

S'il n'y a que des réponses négatives à faire à toutes ces questions, les prétentions qu'ont élevées quelques princes de l'église sont désormais sans fondement et sans aucune chance de succès. La direction de l'éducation nationale, comme celle de toutes les autres branches de l'administration publique, appartiendra de plus en plus à ceux qui sauront, qui voudront et qui pourront le mieux enseigner la société française, selon les exigences de la civilisation avancée où elle est parvenue. C'est dans l'organisation de la démocratie que l'état trouvera les précepteurs de l'avenir. Le principe d'autorité se relèvera dans l'enseignement, comme ail-

---

(*) La réponse à cette question se trouve dans l'accueil fait, à la chambre des pairs et dans toute la France, à ce mouvement oratoire de M. Guizot, lorsque, après avoir comparé la composition de l'ancien clergé avec la manière dont il se recrute aujourd'hui, il s'écria, entraîné à la fois par la force de la vérité et par la chaleur de son éloquence : « *Quel changement!* QUEL DÉCLIN! » (*Séance du 21 mai 1844.*)

leurs , en se rattachant à la capacité unie au dévouement à la chose publique. De grands talents, une haute
intelligence, une profonde habileté, de vastes connaissances et d'éminentes vertus , comme l'épiscopat
français en possède incontestablement, ne suffiront pas
pour donner et pour légitimer la possession de l'influence et du pouvoir : il faudra encore que ces dons
de Dieu, que ces richesses de l'âme et de l'esprit ,
soient appliqués à l'élévation morale , à l'émancipation politique et au bien-être matériel du peuple.

Sans doute, la question du salut , la question suprême de l'éternité , ne sera pas abandonnée par le
peuple, et elle ne doit pas être négligée par les hommes
d'état. Mais des guides divers, tous animés d'un zèle
ardent de prosélytisme, s'offrent au peuple pour le conduire et le sauver. Le peuple peut choisir ; ses chefs
temporels lui doivent et lui laissent toute liberté sur ce
point. Cela ne suffirait-il pas à quelques-uns de ses
chefs spirituels, et s'en trouverait-il parmi eux qui as-
pirassent à l'enseigner, moins dans une pensée de
salut que dans un but de domination ? C'est ce que
peuvent faire craindre d'anciennes expériences et de ré-
centes manifestations.

Mais la nation est avertie, et elle ne veut plus de la
domination cléricale, (*) parce que , sans parler des

(*) Sur ce point, tout le monde est d'accord, opposition et ministère, réformateurs et conservateurs.

controverses et des dissidences théologiques, et en se renfermant dans les considérations de l'ordre temporel, elle regarde le clergé comme peu favorable, en général, aux nouveautés politiques qui lui sont chères à elle-même.

Que la puissance publique apprécie donc toute la force qu'elle peut tirer du sentiment national, pour repousser les prétentions et les attaques d'une puissance rivale, qui ne conteste aujourd'hui à l'état son rôle d'instituteur universel que pour le prendre un jour elle-même.

L'unité dans l'enseignement est une des conditions fondamentales de l'ordre et de la stabilité ; l'église le sait bien. La liberté ne peut être que transitoire. Entre l'église et l'état, c'est à qui aura l'enseignement normal et unitaire de l'avenir. Que l'état veille donc à ce que la transition ne lui devienne pas funeste. C'est à lui de soumettre l'exercice de la liberté à des garanties efficaces, (*) en présence de ces congrégations ja-

---

(*) Nous ne conseillerions point à l'état d'exagérer la vigilance, au point de la rendre inquisitoriale et tyrannique. Nous savons que les adversaires qu'il a en face, dans la question de l'enseignement, lui commandent des ménagemens, des égards, des respects, alors même qu'ils le réduisent à se mettre en garde contre leurs attaques et leurs envahissemens. Mais il faut craindre aussi d'exagérer la bienveillance et la sécurité. Quand il s'agit d'une loi, qui peut exercer une immense influence sur l'avenir d'un grand peuple, les droits de la vérité et de la prudence doivent passer avant les considérations de bienséance et de courtoisie. On a beau épuiser les ressources de l'art oratoire pour con

louses et ennemies, dont les manœuvres et les menaces
ont plus d'affinité qu'on ne pense avec les dernières et
solennelles démonstrations de l'ancienne aristocratie.
Un instinct secret et irrésistible et des habitudes sécu-
laires ont lié étroitement et rendu solidaires, en face
des révolutions, les supériorités de l'ancien régime.
Quand on attaque la philosophie, au nom de l'église,
ce n'est pas aux spéculations abstraites de Bâcon ou de
Locke, de Descartes ou de Spinosa, d'Helvétius ou de
Condillac, qu'on en veut sérieusement ; c'est aux réalités politiques et aux progrès sociaux qui se sont accomplis en Europe et surtout en France, à la suite du
mouvement intellectuel dont les philosophes ont pris
l'initiative.

Mais que parlons-nous de Condillac et d'Helvétius ?

vaincre le pays que l'on est parvenu à établir une autre *entente cordiale*
entre la puissance civile et la puissance spirituelle, le pays se rappelle les missives échangées entre les ministres du roi et les premiers
dignitaires de l'église, et il ne peut pas adhérer à la confiance que cer-
taines nécessités peuvent imposer au langage officiel, et qui amènerait
peut-être des conséquences déplorables, si elle passait définitivement
du domaine de la discussion dans les dispositions de la loi. « Vous avez
peur aussi des jésuites, nous dira-t-on. » Non, car nous n'avons jamais
cru aux revenans; non, nous n'avons pas peur des jésuites. Mais,
comme l'ont très-bien dit MM. Persil et Cousin, nous avons peur pour
les jésuites ! peur pour les protecteurs des jésuites! peur pour les *esprits forts* qui n'ont pas peur des jésuites, et qui se seront montrés
trop confians et trop crédules sur la valeur des protestations et des
sermens des jésuites ! peur pour la modération de la révolution de
juillet ! peur pour la tranquillité du pays !!

Un professeur célèbre, membre du conseil royal de
l'instruction publique, dans la lutte brillante qu'il a
soutenue, avec autant d'éloquence que de courage,
contre les adversaires de l'université; M. Cousin a
donné la liste des philosophes dont l'enseignement
officiel prescrivait ou recommandait l'étude, et il ne
s'y trouve pas un seul des penseurs qui ont marqué
dans l'école sensualiste, en France. Condillac est exclu,
et tout son siècle avec lui! (*) Et le parti prêtre
n'est pas content! jugez de son exigence. On lui a
sacrifié l'école encyclopédique tout entière; on a copié
cent ans de l'index de Rome, dans le programme universitaire! On a supprimé le XVIII⁰ siècle et rayé les
noms de tous ses philosophes, dans l'histoire et dans
l'étude de la philosophie! et tout cela n'a point désarmé
les détracteurs de l'université! parce qu'il ne leur faut
pas une réaction incomplète; parce que le progrès
les importune autant que le scandale et la licence;
parce qu'ils savent très bien que le XVIII⁰ siècle n'est
que le produit des temps antérieurs, et que Voltaire et
Rousseau, d'Alembert et Diderot, Helvétius et Condillac, descendent en ligne directe de Descartes et des
autres grands penseurs des XVI⁰ et XVII⁰ siècles;
parce qu'ils comprennent parfaitement que leur but
serait manqué, s'ils se bornaient à faire ensevelir dans

(*) Le sensualisme du XIX⁰ siècle n'a pas été mieux traité. L'exclusion s'est étendue à Tracy et à Laromiguières.

l'oubli la dernière génération philosophique, sans étendre la proscription aux générations précédentes dont l'esprit investigateur et le rationalisme fécond reproduiraient bientôt les mêmes résultats, un nouveau XVIII° siècle.

Comprenons-le donc, comme eux, et disons-leur de plus qu'ils ne gagneraient rien à la suppression de la philosophie moderne tout entière, parce que la disparition de l'esprit philosophique des XVI° et XVII° siècles n'éteindrait pas le principe de civilisation progressive, inhérent à la nature de l'espèce humaine.

Cela bien entendu, il n'y a plus lieu de leur sacrifier aucune des époques de notre philosophie. Les générations du XIX° siècle ne doivent pas répudier l'héritage de leurs auteurs immédiats, leurs pères du XVIII°, si elles veulent avoir une complète et parfaite intelligence de la marche de l'esprit humain. Pour juger et condamner d'ailleurs les doctrines de l'école encyclopédique, il faut les connaître et par conséquent les étudier.

Faites-donc de l'ecclectisme, si vous le voulez ; soumettez à une épuration rigoureuse toute école suspecte ; supprimez la licence et le scandale, mais respectez le raisonnement grave et consciencieux, respectez les opérations sérieuses des esprits spéculatifs, et réservez même, si vous le jugez à propos, pour les jeunes gens des facultés, à l'exclusion des enfans des collèges, la connaissance des systèmes qui ne vous auront pas paru trop hardis et trop dangereux. Qu'un élève de philosophie du moins quand il rencontrera, en entrant dans le monde, les œuvres du XVIIIe siècle dans toutes les bibliothèques et le nom de ses grands écrivains dans toutes les bouches, ne soit pas exposé à faire rire de son ignorance, en demandant à quel siècle et à quel pays ils appartiennent, et en soutenant que la France n'a plus eu de métaphysicien depuis Descartes et Mallebranche, et que la succession de Locke est toujours vacante. Évitez à l'instruction philosophique le ridicule dont se couvrit, sous la restauration, l'enseignement de l'histoire. On essayait alors de dérober aux générations naissantes un demi-siècle de prodiges, en rayant de nos annales, la république et l'empire, et en leur substituant le règne imaginaire d'un prince exilé, qui avait vieilli dans un coin obscur de l'Europe, complètement ignoré de la France. Cette tentative n'ébranla point la haute position historique de nos assemblées nationales, et elle nuisit peu aussi à la mémoire de Napoléon. Les élèves qui trouvèrent partout, au sortir du collège, l'esprit de la révolution et l'image du grand homme, se moquèrent amèrement de leurs professeurs et se mêlèrent avec empressement à l'admiration universelle qu'excitaient les souvenirs de 89 et le génie de l'immortel empereur. Vous ne gagnerez pas davantage à retrancher, des fastes de la philosophie, le siècle de Voltaire et de Rousseau, quand le monde entier retentit du bruit de leurs noms ; quand

la société française a été profondément imbue de leur
esprit, quand elle leur a voué une espèce de culte qui
durera longtemps encore, pour la part immense qu'ils
ont prise à son émancipation intellectuelle et politique.

Ce n'est donc pas à l'oubli, mais à l'examen, qu'il faut
livrer le XVIIIe siècle ; ce n'est pas à soustraire ses
doctrines à la jeunesse qu'il faut s'appliquer, mais à
les lui faire apprécier sainement et à lui expliquer
comment elles ont pu devenir arides, inapplicables ou
dangereuses. Il n'y aurait qu'un moyen de faire revivre
ce siècle redoutable et de redonner de la valeur et de
l'à propos à ses hardiesses et à ses sarcasmes, ce serait
de le proscrire et de chercher à ramener la société,
par une réaction civile ou cléricale, à l'état de choses
qui provoqua l'irruption du philosophisme.

Mais Dieu épargnera à la France une répétition du
XVIIIe siècle ! Il n'est jamais entré dans ses plans
d'annuller son œuvre et d'exiger deux fois d'une nation les sacrifices qu'il lui avait imposés pour la conduire à ses fins. Le prix de la révolution a été payé,
bien payé ; elle nous est irrévocablement acquise.

Et quels sont ceux qui veulent recommencer la
lutte ! Ceux qui n'y ont trouvé et qui ne peuvent y
trouver encore que d'humiliantes défaites et de terri-
bles leçons. La palme du martyre tente leur ambition !
« Mais qu'ils sachent une chose, leur dirons-nous avec
un philosophe éminemment chrétien (M. Ballanche),

les juifs malheureux qui ont péri par milliers et par
centaines de milliers au siége de Jérusalem, furent
des victimes déplorables, et ne furent pas des martyrs.
Le nom de martyr ne se donne qu'à celui qui meurt
dans sa foi pour l'avenir. Tant que l'on reste attaché
aux opinions qui ne sont plus, aux sentimens que Dieu
lui-même a ôtés du milieu de la société, on est obligé
de se réfugier dans l'absurde. » (Paling. soc. —
263.)

Mais non, ils n'aspirent point au martyre ; non,
ils ne veulent pas rebâtir l'ancien temple ni ressaisir la
domination temporelle. Ils ne songent qu'à purifier
l'enseignement universitaire ; ils ne cherchent qu'à
préserver l'enfance du venin de la philosophie moderne ; ils n'en veulent qu'à cette philosophie! Eh bien !
savez-vous ce que c'est que la philosophie moderne,
dans la bouche et dans la pensée la plus profonde des
principaux adversaires de l'université? C'est l'esprit
libéral du siècle, c'est le génie progressif de la nation,
c'est la tendance démocratique de la société française,
en d'autres termes, c'est la révolution, c'est la dynastie ! (*)

(*) L'esprit jésuitique, qui a fait irruption dans le monde clérical,
protesterait-il contre cette arrière pensée? notre opinion resterait la
même. On sait ce que valent ses affirmations Quand la fameuse société
agitait la France, sous la restauration, M. Royer-Collard la caractérisa
en deux mots : « Je ne lui demanderai pas, dit-il, d'où elle vient, ni où
elle va, *elle mentirait !* »

Il est impossible de s'y méprendre : voilà ou portent plus ou moins directement les coups de l'anti-philoso-phisme qui demande, à grands cris, la liberté d'ensei-gnement. (*)

Si donc les barrières, qu'il est urgent d'opposer aux menaces de l'esprit contre-révolutionnaire , paré des insignes de la ferveur religieuse et de la susceptibilité libérale, venaient à être franchies ; ou si leur établis-sement donnait lieu à des provocations et à des résis-tances imprudentes, ce serait à l'autorité civile de se souvenir qu'elle est fondée sur la souveraineté natio-nale et que la raison publique a des représentans qui sont *législateurs*, (**) selon la remarque d'un magistrat

(*) Il faut reconnaître toutefois que , parmi les adversaires de la philosophie moderne et les partisans actuels de la liberté d'enseigner, se trouvent des orateurs et des écrivains qui sont mus par un libéra-lisme très sincère et par des croyances dégagées de tout esprit d'hosti-lité contre le gouvernement de juillet. M. de Montalembert est évi-demment de ce nombre.

(**) M. Guizot, répondant à ce que pouvait renfermer de menaçant l'une des éloquentes péroraisons de M. de Montalembert, termina ainsi son discours.

« Les honorables membres qui combattent le projet de loi ont dû faire depuis cinq semaines une grande expérience. Je ne veux pas en ce moment en faire ressortir toutes les conséquences, mais ils ont pu voir par les faits qui se sont passés dans cette enceinte , comme par ceux qui se sont passés dans le pays, que désormais, si le gouverne-ment avait à réprimer de nouveaux écarts, il ne manquerait, ni de l'appui des pouvoirs publics, ni du *concours du pays*. »

Il est à regretter que les hommes d'état, qui comprennent si bien ,

éminent qui a illustré la tribune française. Le XVIIᵉ siècle, sur sa fin, vit ébaucher une œuvre immense : le XIXᵉ ne finira pas peut-être sans être mis en demeure de l'achever. L'état fit un pas vers l'unité par le gallicanisme : l'épiscopat, qui semble craindre de s'égarer sur les traces de l'aigle de Meaux, et qui s'est laissé entourer par cette milice fameuse *dont l'épée à sa poignée à Rome et sa pointe partout* ; l'épiscopat somme l'état de reculer. Mais le génie de la civilisation moderne, l'esprit du siècle et de la nation, l'intérêt de la révolution et de la dynastie, lui disent d'aller en avant. Le choix définitif de l'état ne saurait être douteux. Sans toucher au dogme, sans altérer les croyances, sans blesser la foi, il peut songer à se soustraire à des rivalités hautaines et à des influences hostiles qui l'exposent à des tracasseries incessantes et à des agitations perpétuelles. (*)

L'état proclame déjà, avec une certaine affectation, qu'il est *laïque*.

Mais ce mot, qui a fait fortune, ne caractérise pas

en certain cas, la direction et la puissance de l'opinion publique et qui sont fiers de l'avoir pour auxiliaire, se laissent ensuite entraîner, dans le plus grand nombre de circonstances, à rompre brusquement avec elle et se fassent même une sorte de gloire de leur dissidence avec le pays.

(*) La pétition recommandée aux chambres par MM. de Lamartine et Dubouchage est un symptôme de ce que nous prévoyons ici.

suffisamment encore, selon nous, la puissance publique, en France, dans ses rapports avec l'enseignement. L'état pouvait se dire *laïque* aussi, à Madrid
et à Lisbonne, alors même qu'il était à la remorque de
l'inquisition. Cette qualification est donc loin d'offrir
une garantie complète contre la prépondérance cléricale. Heureusement l'état n'est pas seulement laïque,
parmi nous, depuis 1830; il est de plus philosophe.
Ses membres, pris séparément, professent des croyances diverses, suivent des cultes différens ; lui, dans son
existence abstraite, domine et protège tous les cultes
et toutes les croyances, sans se placer sous la bannière
d'aucun.

Si tous ces cultes acceptaient avec reconnaissance,
ou du moins avec résignation, la suprématie protectrice de l'état, les concessions de la puissance publique à la liberté individuelle, en matière d'enseignement, deviendraient plus faciles et moins dangereuses.
L'état trouverait toujours, dans sa domination universelle et sa surveillance régulatrice, le moyen de ramener à un but commun l'enseignement des établissemens
privés et l'enseignement des établissemens nationaux.

Mais l'un de ces cultes croirait renier ses antécédens,
renverser sa hiérarchie et abjurer ses principes, s'il lui
arrivait de reconnaître la prééminence de l'autorité
temporelle. Et comment pourrait-il se soumettre, en
effet, sans réserve, à la souveraineté de l'état, lui qui
s'enorgueillit et s'honore d'avoir, en dehors de l'état,

un autre souverain, un chef suprême , qu'il chérit et qu'il vénère comme le précepteur universel de toutes les nations, comme le guide moral et infaillible de toutes les consciences ? (*)

Liberté sans doute, respect et protection même pour ce culte , dont le clergé éclaira et consola nos pères à travers les âges de barbarie, et qui reçoit encore dans ses temples la majorité des derniers croyans. Mais que cette protection, ce respect et cette liberté n'excluent pas, nous le répétons, la surveillance active et la suprématie indispensable de l'état, dans le domaine de l'éducation. Quand on lui demandera la liberté d'enseigner, comme en Belgique, que l'état se souvienne que le clergé Belge, en présidant à l'enseignement, domine la société entière, et préside, selon le mot d'un noble pair, le duc d'Harcourt, *aux élections et aux révolutions.*

Que l'état prenne donc ses moyens pour prévenir les révolutions qui se cacheraient derrière la liberté de l'enseignement; mais qu'il ne se contente pas de préserver et qu'il s'occupe aussi de justifier sa suprématie, en se soumettant lui-même à la loi du progrès qui fait sa force contre les partis rétrogrades.

Malgré toutes les garanties de moralité et d'instruction exigées des membres de l'université, *il y a là,*

____

(*) Un pair de France, estimé de ses adversaires eux-mêmes pour son talent et son caractère, s'est incliné solennellement, à la tribune, devant cette infaillibilité et cette suprématie.

comme ailleurs, *quelque chose à faire*, moins pour développer le principe de liberté que pour fortifier le principe d'autorité. Le penchant du siècle, l'esprit de critique et d'indiscipline, que la puissance paternelle elle-même a tant de peine à contenir, n'a pas épargné le pouvoir doctoral. Le maître, aussi bien que le magistrat, a besoin d'être secouru par de salutaires institutions, pour triompher des *maladies de l'orgueil* qui engendrent l'irrévérence et l'insubordination au collége, en attendant de produire la révolte et l'insurrection dans le monde. Tant que ces institutions n'existeront pas ; c'est-à-dire, tant que, selon les exigences de la saine démocratie, l'élection et la promotion des membres du corps enseignant ne seront pas rigoureusement soumises à des règles inviolables qui assurent la préférence au plus digne et au plus capable, sur ses compétiteurs, l'autorité du maître sera chancellante et contestée. Les maladies de l'orgueil ne disparaîtront, des établissemens de l'université, comme du reste de la société, que lorsque le pouvoir y sera constitué et s'y exercera de manière à entraîner nécessairement la confiance, le respect et la soumission.

A vrai dire, de toutes les branches de l'administration publique, l'université est peut-être celle qui se rapproche le plus du principe que nous invoquons. Cependant, elle a besoin encore d'être visitée par l'esprit de réforme. Une discussion, longue et solennelle, en a fait ressortir les imperfections, devant la chambre des pairs. Le conseil royal de l'instruction publique et les conseils académiques ont été tour-à-tour l'objet d'attaques fort vives. Mais on a mieux aimé les mettre en suspicion et les dépouiller de leurs attributions naturelles, que d'aviser à les réformer. Pour la préparation du programme du baccalauréat ès-lettres, le conseil d'état est préféré au conseil royal d'instruction publique, et les gens de lettres devront s'en rapporter à la supériorité littéraire et philosophique des gens de guerre, de police et de finance. Pour la répression des désordres qui éclateront dans les maisons d'éducation, la juridiction disciplinaire est enlevée aux conseils académiques et déférée aux tribunaux correctionnels, tandis que l'appréciation morale et philosophique de l'enseignement est réservée aux cours d'assises. Ainsi une méfiance opiniâtre s'attache aux institutions universitaires, au corps enseignant tout entier. N'a-t-on pas été un jour jusqu'à proposer sérieusement de prendre les membres des comités d'examen sur la liste du jury, plutôt que parmi les professeurs et agrégés des facultés; ce qui fit dire à M. Cousin que le certificat de capacité ainsi obtenu pourrait bien n'être le plus souvent qu'un certificat d'incapacité ?

Et dans quel lieu se passent et se disent ces choses ! Si c'était dans quelque club radical, dans quelque cercle de l'opposition, à la bonne heure ! Mais dans le sanctuaire même des opinions conservatrices ! Comment le pouvoir peut-il s'étonner ensuite que les vétérans et les adeptes du criticisme révolutionnaire s'obstinent à le soupçonner et à l'entraver, quand il se suspecte et s'enchaîne lui-même ; quand il se dénigre par l'antagonisme dont il donne l'exemple dans son propre sein, et que l'on voit *l'état législatif* témoigner par ses résolutions qu'il se défie de *l'état enseignant ?*

Et puis, gémissez, sages et doctes conservateurs, sur le discrédit et l'affaiblissement du principe d'autorité ! Ne vaudrait-il pas mieux se plaindre moins et travailler davantage à ramener la confiance autour de la puissance publique ? Ce n'est pas en déclinant la compétence et en ruinant le crédit des capacités spéciales , dans la constitution des administrations particulières, que vous parviendrez à fortifier la constitution de l'administration générale. Au contraire, la réhabilitation du pouvoir est désormais au prix du classement intelligent, de l'intervention croissante et de la souveraineté respective des spécialités, dans la distribution des fonctions publiques et des forces sociales. Prenez-y garde : vous flétrissez de l'épithète d'*anarchiste* celui qui entend la souveraineté du peuple dans le sens de la suprématie du nombre , et vous ne faites pourtant que sanctionner, en la rétrécissant seulement, l'application de ce principe, lorsque, après avoir réduit de quelques millions le chiffre du peuple souverain, au moyen d'un cens électoral , vous affectez de subordonner , au-delà des besoins d'une salutaire centralisation , et dans les limites même de leur spécialité, les élus de l'intelligence et du travail, les pouvoirs spéciaux dont le titre est dans la capacité régulièrement éprouvée et manifestée, aux pouvoirs généraux qui tirent plus ou moins directement leur existence et leur force, de la souveraineté des censitaires, c'est-à-dire, de l'omnipotence numérique, restreinte à ce que vous appelez le pays légal.

Nous savons bien que des esprits éminens, des hommes considérables, illustres par eux-mêmes et par leurs ayeux, ont prétendu qu'en repoussant la nécessité de l'intervention suprême des grands pouvoirs de l'état dans les détails d'une administration particulière, pour s'en rapporter exclusivement à l'aptitude spéciale, on ne faisait que reproduire le reproche que nous adressent les étrangers, de prendre nos législateurs parmi les marchands et nos juges chez les épiciers. Cette remarque, de si haut qu'elle vienne, ne nous paraît point déterminante pour sacrifier les droits de la spécialité. S'il est vrai que des étrangers, attentifs à ce qui se passe au milieu de nous, trouvent que la formation de la loi et l'organisation de la justice criminelle peuvent recevoir, en France, quelques améliorations, dans l'intérêt même du principe d'autorité, il nous semble que ce n'est pas une raison pour les nationaux de se croire parvenus au dernier terme du perfectionnement politique, et de rejeter toute modification utile qui aurait l'air de justifier la critique étrangère.

Oui, notre organisation législative et notre ordre judiciaire, comme toutes les autres branches de notre système politique, peuvent offrir encore des imperfections dont il faudra les purger tôt ou tard, par des réformes graduelles, afin de conjurer les réformes soudaines. La considération et l'affermissement du pouvoir, dans les grands corps de l'état, aussi bien que dans les fonctions subalternes, tiennent essentiellement à l'accomplissement régulier de ces réformes pacifiques, trop redoutées, et dont l'esprit, à la fois conservateur et démocratique, devrait présider à la constitution de l'enseignement national, au lieu de cet esprit ombrageux qui n'ose ni avancer ni reculer et qui s'évertue à s'immobiliser entre la peur de la liberté et la peur de l'unité.

L'affaiblissement du principe d'autorité est manifeste et croissant; c'est la véritable plaie du siècle, et ses progrès attestent que le mode de composition et d'action de la puissance publique n'est pas tellement constitué qu'il ne puisse subir de salutaires modifications.

Le XVIIIᵉ siècle eut pour mission de discréditer le pouvoir et de renverser les aristocraties de l'ancien régime : la tâche du XIXᵉ consiste à réhabiliter le pouvoir et à fonder l'aristocratie de l'ordre nouveau. Ce siècle a déjà atteint près de la moitié de son cours, et sa tache principale est toujours intacte. Si MM. de Maistre et de Fontanes revenaient au milieu de nous, ils auraient à gémir plus que jamais sur les maladies de l'orgueil, le relâchement des liens sociaux, l'ébranlement des souverainetés, l'immensité de nos besoins

et l'inanité des doctrines dominantes. A l'œuvre donc,
philosophes, publicistes, hommes d'état du XIX⁰ siècle! c'est dans l'organisation de la démocratie, dans
l'organisation de l'égalité, nous ne saurions trop le
redire, que vous trouverez le levier nécessaire pour
relever le principe d'autorité; et il faut procéder à
cette organisation, d'abord par un vaste et puissant
système d'éducation nationale; ensuite par des institutions secondaires qui assurent l'élévation du mérite et
de l'expérience et qui excluent l'incapacité dans toutes
les parties du service public, dans toutes les branches et
à tous les degrés de la hiérarchie administrative. Quand
le pays jouira de ce double bienfait, les rétrogrades du
parti ultra-montain ne seront pas plus à craindre que
les progressistes du parti ultra-libéral.

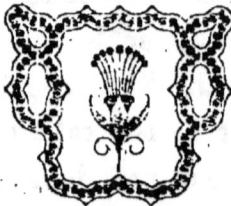

CHAPITRE II.

Mode général d'application du principe démocrati-
que, dans la hiérarchie administrative.

Que le dix-neuvième siècle se hâte donc de clore
l'ère critique et qu'il aborde enfin la tâche qui lui est
dévolue, l'organisation de la démocratie et la réhabilitation du pouvoir. Assez de luttes violentes et de débats stériles entre le principe conservateur et l'esprit
de réforme ; il est temps de les réconcilier et de faire
cesser l'état révolutionnaire que leur dissidence perpétue. Une satifaction réciproque est possible au moyen
de mutuelles concessions. Que le principe conservateur, tout en couvrant de sa protection les intérêts
dont le froissement compromettrait l'existence intime
des familles et la paix publique, prenne une forme libérale et une tendance progressive. Qu'il préserve
l'ordre matériel de brusques changemens et de funestes
atteintes, et qu'il sauve-garde toutes les prérogatives
dont l'autorité ne pourrait être dépouillée sans péril
pour la société elle-même ; mais qu'il place le pouvoir
légal là où les progrès de la civilisation manifestent la
présence du pouvoir réel. Son action cesserait d'être

tutélaire et deviendrait perturbatrice et oppressive, si
elle tendait à relever ou à maintenir dans le monde
politique les puissances déchues dans le monde des
idées. Il ne s'agit pas de proscrire la naissance et la
fortune, de leur contester même toute espèce de valeur
et de ne leur tenir aucun compte, dans l'appréciation
des faits sociaux, du reste d'influence dont elles peuvent jouir. La notabilité subsiste encore en elles, (*)
mais la notabilité visiblement amoindrie, et il y aurait
défaut de justice et de prudence, plutôt que sagesse
conservatrice, à leur attribuer obstinément la prééminence, au préjudice de la considération personnelle,
de l'intelligence et du travail, qui donnent seuls aujour-

(*) L'influence de la fortune est de beaucoup supérieure à celle de
la naissance : aussi voit-on céder à l'appât des richesses et au mouvement industriel, les classes même qui considéraient autrefois toute
spéculation d'ordre matériel comme un acte de dérogeance. Si les
Crillon et les Montmorency ne sont pas encore dans les boutiques,
selon la prophétie d'un économiste du dernier siècle, on les trouve
du moins parmi les principaux actionnaires, dans les grandes entre-
prises de l'industrie, comme les mines, les canaux, les ponts, les bâ-
teaux à vapeur, les chemins de fer, etc., etc. Napoléon a signalé
dans ses entretiens à Ste-Hélène, cette substitution de la puissance des
comptoirs à celle des créneaux, et il a ajouté que les gouvernemens
ne restaient exposés à tant de secousses et de bouleversemens, qu'à
cause de leur répugnance à reconnaître ou de leur insuffisance à comprendre cette immense révolution. Le grand homme, dans l'exil, voyait
mieux que le potentat sur le trône. Reste maintenant à régulariser la
puissance des comptoirs, par une organisation industrielle qui légitime la prépondérance de la fortune ou l'identifiant de plus en plus
avec celle du travail.

d'hui la véritable notabilité , la notabilité de premier ordre, et qui sont les hautes puissances du siècle.

De son côté, l'esprit de réforme doit se montrer accessible à la réflexion et à la modération. Il a aussi des préjugés à déraciner , de mauvais penchans à dompter, des habitudes pernicieuses à rompre. A moins de se condamner à une agitation sans fin et sans résultat, et de ne laisser à ses adeptes que le rôle ignoble de frondeurs perpétuels et de brouillons impuissans , il faudra qu'il consente à modifier ses prétentions radicales, qu'il abjure la doctrine anarchique du nivellement, qu'il renonce à la souveraineté aveugle du nombre (*) et qu'il reconnaisse, à son tour, la prépondéran-

(*) La souveraineté réside dans la nation , c'est un principe incontestable. Mais cette souveraineté peut-elle être exercée par la nation en masse et à coups de majorité ? Les partisans du suffrage universel le prétendent, et ils sont pourtant obligés de reculer aussitôt eux-mêmes devant l'application rigoureuse de leur métaphysique et d'exclure la majorité de la nation de toute participation à la vie politique , en dépouillant le plus grand nombre des membres du corps social, les femmes et les enfans, de leurs droits *naturels et imprescriptibles*. La souveraineté réelle n'existe donc déjà plus pour eux que dans le sein de la minorité, quand ils proclament le règne de la majorité. Pour constituer la partie active du peuple souverain, il leur faut des présomption de capacité, et ils se contentent de celles qui résultent du sexe et de l'âge. Viennent alors d'autres théoriciens qui trouvent ces présomptions insuffisantes et qui exigent à la fois des conditions de sexe , d'âge et de fortune. C'est une nouvelle mutilation du souverain primitif.

Ainsi, les libéraux et les radicaux de toutes les nuances, après avoir proclamé le principe de la souveraineté du peuple, sont forcés , nous

ce nécessaire et la suprèmatie légitime de l'intelligence
et du travail.

Oui, *conserver* toutes les garanties de l'ordre qui ne
sont pas des entraves au progrès, et *réformer* toutes les
institutions où le progrès est désirable et possible , sans
danger pour l'ordre, telle est la double tâche imposée
aux hommes politiques de notre temps. Les conservateurs intelligens et les réformateurs sensés devront donc
se rencontrer tôt ou tard dans l'accomplissement de
cette œuvre. Déjà l'attitude prise par une partie de la

le répétons, d'en soumettre l'application à des combinaisons plus ou
moins restrictives, pour substituer au souverain abstrait un souverain
actif, intelligent et capable. Ces restrictions ne leur paraissent pas
contrarier l'inflexibilité de leur logique, ni altérer la pureté de leur
doctrine. Nous pensons aussi que la nation peut rester souveraine sans
que l'universalité de ses membres concoure à l'exercice de la souveraineté. Il suffit que le mécanisme constitutionnel attribue nécessairement
cet exercice à la capacité et qu'il fasse régner le peuple par l'intelligence et non par le nombre. Or les conditions de sexe, d'âge et de fortune,
toutes seules, nous paraissent bien insuffisantes pour faire présumer
l'intelligence, et nous ne voyons pas qu'elles enlèvent la suprématie au
nombre pour le donner à la capacité. Il y a des présomptions d'aptitude
autrement directes et déterminantes que celles qui résultent de l'acte
de naissance ou de la côte des contributions. Quand ces présomptions,
les plus voisines de la réalité, seront prises pour base de la participation à la vie politique, les restrictions apportées à l'exercice de la souveraineté nationale seront justifiées, parce qu'elles substitueront réellement l'intelligence au nombre et qu'elles ne priveront le peuple
souverain, du suffrage universel, que pour l'empêcher de céder aux
mouvemens désordonnés de ses membres invalides et pour l'amener
à se conduire, à se régler et à se gouverner par le cœur et par
la tête.

presse peut faire présumer qu'un nouveau *juste milieu*
s'établira un jour sur une base nationale et libérale,
conciliant la paix du monde avec la dignité de la
France, unissant le respect de l'ordre moral et de
l'ordre matériel à l'amour de la liberté et de l'égalité.

De toutes parts l'on répète le mot d'un ancien garde
des sceaux : *Il y a quelque chose à faire.* Un jeune pair
n'a pas cru blesser l'assemblée législative dont il est
membre, en se prononçant, dans un écrit, pour la ré-
vision de la constitution de ce corps politique. Une minorité imposante se lève, à chaque session, dans la
chambre des députés, en faveur de la réforme parlementaire et de la réforme électorale. Nous voyons
même des officiers distingués, traitant des intérêts de
l'armée, dans les livres et dans les journaux, indiquer
d'importantes innovations à opérer dans l'ordre militaire. Des magistrats aussi sont convaincus que l'organisation du pouvoir judiciaire est susceptible d'amélioration. Toutes les parties de notre système administratif, comme l'ensemble de notre économie sociale, peuvent recevoir des modifications utiles. Il n'y a rien sous
le ciel que Dieu n'ait soumis à la loi du progrès. La
religion elle-même, ainsi que l'ont démontré B. Constant et M. Ballanche, la religion elle-même, dans sa
splendeur passée, a manifesté l'universalité de cette
loi, et elle ne pourra se relever, dans l'avenir, qu'à la
condition de rendre encore témoignage pour elle.

Au nom de la perfectibilité humaine, il sera donc

permis de toucher sans profanation à notre édifice politique, pour lui donner plus de lustre et de solidité. Il
faut à la France de nouvelles garanties contre la corruption, contre la substitution de la faveur (*) à la
justice, contre l'asservissement (**) de l'administration
aux exigences électorales et parlementaires ; et ces garanties, nous ne saurions trop le redire, ne peuvent se
trouver que dans l'organisation de la démocratie, c'est-
à-dire, dans les institutions qui fonderont l'égalité, non
pas selon les théories des niveleurs ou selon les doctrines des admirateurs de l'aristocratie anglaise, mais
suivant les indications que Dieu lui-même donne incessamment, dans sa toute puissance, par la création d'aptitudes diverses ; indications trop longtemps inaperçues
ou dédaignées, et qui ne peuvent plus échapper,
comme dans les siècles de ténèbres, à la raison et à
l'équité humaines, successivement développées et épu-
rées par l'action lente du christianisme et par l'influence de la philosophie moderne.

(*) « La faveur, dit M. Duveyrier, voilà la plaie morale, la maladie
chronique du gouvernement......... La seule différence qui existe entre l'ancien et le nouveau régime, c'est qu'avant 89 la faveur venait de
haut en bas et qu'aujourd'hui elle vient de bas en haut. Il ne faut pas
se faire illusion : le plus grand distributeur des grâces aujourd'hui, c'est
le corps électoral. »

(**) Cet asservissement a excité de vives réclamations jusques dans les
centres de la chambre des députés. La morale publique et la dignité
du gouvernement ont trouvé d'énergiques soutiens en MM. Vatout et
Agénor de Gasparin.

10

Le système électif est destiné sans doute à embrasser toutes les branches de l'économie publique ; et les résistances opiniâtres qu'il rencontrera resteront définitivement impuissantes contre son application universelle. Mais l'avenir ne sera ni conservateur assez borné, ni réformateur assez téméraire, pour confier l'élection à la puissance aveugle de la fortune ou du nombre, et il la réservera sagement pour la moralité et la capacité.

Que dirait-on aujourd'hui si quelqu'un s'avisait de proposer de faire nommer les membres de nos académies et les professeurs de nos facultés, par les assemblées primaires ou par des collèges de censitaires ? On crierait à l'absurde assurément, et l'on ne trouverait pas beaucoup plus rationnel, ni plus sage, de s'en rapporter, pour de pareils choix, à l'arbitraire ministériel. Eh bien ! pour des fonctions qui n'exigent pas moins de dispositions naturelles, d'études préparatoires et d'instruction spéciale, que les fonctions d'académicien ou de professeur, et qui exercent une influence autrement directe et prépondérante sur les affaires de l'état, les publicistes radicaux prétendent attribuer à la multitude ignorante l'omnipotence électorale et faire dériver l'universalité des choix, du suffrage universel ; tandis que certains conservateurs voudraient étendre autant que possible l'intervention ministérielle (1) et

_____

(1) Ce qui se passe sous nos yeux n'est pas fait pour disposer les esprits en faveur de l'intervention exclusive de la haute administration

l'action gouvernementale, dans la nomination des fonctionnaires de tous les ordres et de tous les degrés. Nous
n'avons pas besoin de dire que ces deux systèmes sont
également exagérés et qu'ils offrent des dangers de
nature diverse. La supériorité numérique, admise
comme principe, non seulement de la théorie constitutionnelle, mais encore de l'action administrative,
doit conduire à l'anarchie ; la concentration de la
puissance élective, pour la distribution des emplois publics, dans les mains du gouvernement, à une époque
de démoralisation politique surtout, ne peut mener
qu'au despotisme ministériel, à travers les abus du
favoritisme et les scandales de la corruption. Supposons
même que la société s'épure un jour et que la supériorité légale n'exprime et ne représente plus que la

dans le choix des fonctionnaires. « Quand une place vient à vaquer,
grande ou petite, dit l'auteur des *lettres politiques*, que se passe-t-il ?
Sur les 450 députés qui sont au courant de tout, parce qu'ils ont le
droit de pénétrer chaque jour et à toute heure dans les bureaux du
ministère, il y en a vingt ou trente qui commencent le siége. La tacti-
que est simple. On dit au ministre : Vous nommerez tel ou tel parent
de tel de mes électeurs, ou je vous retire mon appui. Que peut faire
le ministre ? Louvoyer, opposer les prétentions et les exigences, donner de l'espoir à tous, et attendre, pour prendre un parti, que de nouvelles vacances viennent offrir l'expectative d'un dédommagement aux
solliciteurs éconduits. Heureuses les administrations comme celle de
la marine, de l'enregistrement et des domaines, de l'armée, où des
règles ont d'avance fixé le mode d'admission et d'avancement ! Et
encore, quelle latitude offerte à la faveur ! et dans l'exécution, trop
souvent, quel mépris de la justice ! »

supériorité réelle ; dans cette hypothèse encore, il y aura convenance, utilité, nécessité, de mettre le personnel et le mécanisme administratifs sous la sauvegarde des lois, et à l'abri des erreurs ou des caprices des chefs de l'autorité.

Quelle que soit en effet la rapidité du mouvement progressif imprimé aux sociétés modernes, il est certain qu'une barrière infranchissable et éternelle les empêchera d'arriver jamais à la perfection, et qu'elles seront toujours gouvernées par des hommes plus ou moins faillibles. Dès lors, les intelligences supérieures, bien que légitimement parvenues au sommet de la hiérarchie, ne pouvant prétendre à rester absolument exemptes d'erreur et de faiblesse, et devant se trouver seulement moins sujettes que les intelligences subalternes à se tromper et à faiblir, il est nécessaire que le législateur prévoie les fautes possibles et les écarts exceptionnels de l'autorité supérieure, et qu'il s'occupe de les prévenir ou de les atténuer, par de sages combinaisons qui fassent avertir, éclairer et assister la capacité suprême elle-même, par les capacités secondaires, dont l'intervention et le concours seront indiqués par la nature des faits et réglés selon l'exigence des situations.

L'homme le plus éminent dans la science du gouvernement peut ne posséder que la faculté générale du commandement. Sa tâche est de donner, de haut, l'impulsion première à la machine politique, et de diriger ,

dans son ensemble, le mouvement social. Au-dessous
de lui, et dans chaque partie de l'administration, dans
chaque branche de l'économie publique, dans chaque
section de l'atelier national, il y aura toujours des
hommes plus aptes que lui aux fonctions et aux
travaux qui exigeront une vocation, une étude, une
pratique spéciale. Louis XIV et Napoléon avaient
sans doute le génie de l'autorité. Ils surent apprécier,
encourager et faire concourir à la grandeur de la
France, les illustrations de leur temps, toutes les forces
morales et matérielles qui se révélèrent à eux et qu'ils
purent soumettre à leur ascendant souverain. (*) Mais
leur supériorité politique ne les aurait pas rendus les
meilleurs juges en toute chose, s'ils avaient été réduit,
à leurs propres lumières. L'autorité générale, alors
même qu'elle est exercée par les plus hautes intelligences, a donc besoin, dans la direction des administrations diverses et dans la solution des questions spéciales, d'être aidée par le zèle et guidée par l'expérience des notables de chaque spécialité. Si les grands
rois et les grands ministres ont montré le plus souvent
qu'ils ne craignaient pas de compromettre leur suprématie et leur dignité, en invoquant cet appui, il faut
placer le pouvoir dans la nécessité d'agir désormais
comme les grands ministres et les grands rois, en subs-

(*) C'est ce qui explique l'admiration des générations contemporaines
et de la postérité, pour ces deux grands hommes, malgré le caractère
despotique, les fautes et les malheurs de leur règne.

tituant l'action régulière et la sagesse permanente de
la loi à l'intervention éventuelle et à la volonté passa-
gère du génie.

Que la loi règle donc invariablement le mouvement
hiérarchique, selon les exigences légitimes de la démocratie et les prérogatives essentielles du pouvoir.
Le sens commun des masses et l'intelligence générale
des hommes d'état sont également sujets à faillir, dans
les choix et dans les actes qui demandent des études
particulières et des connaissances professionnelles.
L'aptitude spéciale doit constituer le titre principal à
l'investiture d'une fonction quelconque et à la participation aux promotions administratives. Nul ne peut
être jugé que par ses pairs, lorsqu'il a encouru des
peines : pourquoi lui dénierait-on la compétence de
cette juridiction libérale et rationnelle lorsqu'il a mérité des récompenses? Ce sont les académiciens qui
font les académiciens, les professeurs qui élisent les
professeurs; et si le droit de choisir, ainsi conféré à la
pairie intellectuelle, n'exclut pas toujours l'influence
des coteries et de l'intrigue, il offre du moins plus de
chances de discernement et de justice, dans les nominations, que ne pourrait le faire l'abandon de la puissance élective à une réunion purement politique, de
haut ou de bas étage, un conseil de ministres ou des
comices. Seulement, pour harmoniser toutes les parties du corps social et pour faire concourir le jeu si
divers des forces spéciales à l'établissement et au

maintien de l'ordre général, il est nécessaire que l'autorité suprême ne reste pas complètement étrangère aux mouvemens qui s'opèrent dans la hiérarchie, et qu'elle conserve la faculté d'agréer les choix auxquels elle ne participe pas directement, ou de faire elle-même la désignation du plus capable et du plus digne, sur une liste de candidats présentés par les corps dans le sein desquels l'élu devra être reçu ou s'élever, et qui auront pu apprécier son mérite, soit par une longue expérience, soit par une épreuve solennelle, ainsi que cela se pratique déjà pour certains cas trop exceptionnels.

Si ce mode d'admission et d'avancement était adopté comme règle générale dans notre système administratif, et si le mode d'action de l'autorité rendait l'abus (*) et l'erreur de plus en plus improbables, le pouvoir

(*) La nécessité de mettre un terme aux envahissemens du favoritisme et d'assurer les droits de la capacité et de l'expérience, a été signalée, pendant le cours de l'année dernière, par la pétition d'un ancien député, M. Dubois-Aymé; par la lettre de M. Duveyrier à M. Molé, et par quelques discours prononcés à la chambre des députés. Nous citerons entr'autres ceux de MM. Dupin ainé, de Beaumont et Agenor de Gasparin, sur l'établissement désirable des examens et des concours partout où ils sont possibles. Le sentiment de cette nécessité n'a fait que s'accroître, depuis l'ouverture de la session actuelle, et c'est à lui qu'il faut attribuer la proposition de MM. St-Marc-Girardin, Agénor de Gasparin, d'Haussonville, St-Aulaire, de Sabune et Rihonet, tous membres de la majorité conservatrice; proposition qui a pour but de régler le mode d'admission et d'avancement dans toutes les branches de l'administration publique, de manière à atténuer l'influence des consi-

verrait bientôt disparaître les embarras et les obstacles
qui l'assiégent de toutes parts. Les forces rebelles d'aujourd'hui deviendraient les forces conservatrices de
demain. C'est aux hommes d'état de le comprendre ;
c'est à eux de chercher la puissance et l'ordre de l'avenir là où ils résident en germe, et où des frayeurs
insensées ne signalent que des abîmes prêts à recevoir
la société française tout entière, avec ses Dieux et ses
lois.

Que les superbes penseurs de l'éclectisme ne s'y
trompent pas : il est des temps où la science du passé,
l'intelligence des institutions et des doctrines anciennes
et l'éclat des succès en histoire et en métaphysique ne
font pas toujours supposer une grande portée dans
l'esprit, et où par conséquent elles ne sauraient suffire
à légitimer d'orgueilleuses prétentions à une prééminence exclusive dans le domaine de la philosophie politique. Or, nous sommes précisément à l'une de ces
époques. Jetés dans le gouffre d'une révolution qui sépare deux mondes, ce n'est pas en nous contentant
d'analyser minutieusement les ruines qui sont derrière
nous, mais en perçant les nuages qui nous dérobent
l'avenir, que nous ferons preuve de pénétration et de

dérations électorales et parlementaires. Quelque insuffisant que puisse
être l'effet de cette mesure, et quelque sort que lui réservent la discussion et la délibération législatives, la motion restera comme un témoignage de plus en faveur des améliorations que nous croyons indispensables.

sagacité. Aujourd'hui, comme au temps de de Maistre ; ne nous lassons pas de le répéter, l'affaiblissement général des principes moraux, la divergence des opinions, l'ébranlement des souverainetés, l'immensité des besoins et l'inanité des moyens frappent d'affliction et de crainte les amis de l'ordre. Dans une pareille situation, la véritable profondeur consiste moins dans l'appréciation savante des conditions d'existence et de force de l'autorité ancienne, que dans l'aperception des rapports qui doivent s'établir entre l'autorité nouvelle et la société démocratique, dont il faut connaître et respecter les nécessités morales et matérielles, pour être habile à la régir.

Il serait au-dessus de nos forces, et il n'entre point dans notre pensée de rechercher quelles pourraient être les institutions secondaires et les lois organiques qui conviendraient à la France pour rendre la démocratie gouvernementale et le gouvernement démocratique, sans troubler l'ordre social et sans violer la constitution. Nous ne pouvions qu'indiquer un mode général d'application de l'esprit d'égalité, concilié avec l'esprit d'ordre, et c'est ce que nous avons fait. Ce mode est déjà connu et même pratiqué, dans quelques cas trop rares. Au XVIe siècle, les examens, les concours et l'intervention déterminante des capacités spéciales, furent jugés indispensables pour restituer à la magistrature française le caractère que la vénalité des charges lui avait fait perdre. L'Hôpital s'efforça de corriger l'œuvre déplorable de Duprat. Mais l'illustre chancelier était trop en avant de son siècle. Ce qu'il ne put constituer qu'imparfaitement sur un sol mouvant, ses successeurs peuvent l'établir sur des fondemens inébranlables, sur les sentimens et les besoins universels du pays; (*) et ils ne seront point gênés par les obstacles qui rendirent nécessairement incomplètes les réformes de L'Hôpital.

Que l'on essaie donc, au XIXe siècle, de remettre en vigueur et d'étendre au système général de l'administration publique, un principe dont la justesse et l'équité frappèrent les grandes ames et les hautes in-

---

(*) Ces sentimens et ces besoins éclatent jusque dans le sein du clergé. Le roi et les chambres ont été saisis d'une pétition, émancée d'un prêtre et présentée sous les auspices de MM. de Lamartine et Dubouchage, dans laquelle le concours est réclamé pour les cures, et l'institution d'un corps électoral pour la nomination des évêques. D'autres membres du sacerdoce ont publié des écrits, entièrement irréprochables sous le rapport de l'ortodoxie, et qui sont d'éloquens plaidoyés pour assurer aux ministres de la religion, dans la hiérarchie ecclésiastique, toutes les chances d'élévation et toutes les garanties d'inviolabilité de leurs droits, qui existent ou qu'il est urgent d'établir, dans la hiérarchie civile, en faveur du mérite et de l'expérience.

Le principe d'autorité est en déclin et veut être relevé dans l'ordre spirituel comme dans l'ordre temporel. Le pouvoir du pasteur lutte avec non moins de peine que celui du magistrat, contre l'esprit de dénigrement et d'indiscipline. Le criticisme s'attache à tout et pénètre partout; il ne s'arrêtera que devant les institutions qui assureront partout et toujours aux vertus, aux talens et aux services, une légitime préférence sur l'intrigue et la faveur.

telligences du XVIe siècle. Ce serait, après l'organisation de l'éducation nationale, le moyen le plus sûr de
rendre au principe d'autorité la force et le crédit qui
lui échappent de plus en plus.

Publicistes, législateurs, hommes d'état, c'est surtout sur cet affaiblissement croissant du principe vital
des sociétés humaines, que nous avons appelé votre
attention. C'est à vous de méditer sur les causes de
cette décadence et sur les moyens d'y mettre un terme.
Ces causes existent pour nous dans les fausses tendances, les mauvais systèmes et les voies pernicieuses que
le pouvoir a suivis trop souvent depuis cinquante ans,
tantôt esclave de la démagogie, tantôt instrument de
l'aristocratie ou de l'olygarchie, faisant de la terreur
sous la république, du despotisme sous l'empire, de la
rétrogradation violente ou hypocrite sous la restauration,
du favoritisme et de la partialité sous tous les régimes. Il
nous a semblé que si le principe d'autorité, après avoir
succombé, sous son ancienne forme, ne s'était pas relevé sous les divers gouvernemens qui se sont succédé,
en France, depuis 1789, c'est que les uns avaient exagéré
le criticisme révolutionnaire et donné trop d'extension
à la souveraineté numérique, tandis que les autres, ne
comprenant pas ou ne voulant pas reconnaître ce qu'il
y a de raisonnable, de juste et d'irrésistible au fond
des prétentions démocratiques, alors même qu'elles
sont exprimées d'une manière désordonnée, n'avaient
pas assez accordé à la supériorité du mérite, afin d'é-

tendre davantage l'influence de la naissance et de la
fortune. Nous nous sommes donc efforcé de signaler
la souveraineté de la moralité et de la capacité comme
la seule base désormais solide pour l'autorité, comme
l'arche de salut pour le pouvoir et pour la liberté. Que
le mode de nomination et d'avancement, dans toutes
les carrières, soit donc réglé de telle sorte que la valeur
personnelle l'emporte sur les considérations de parti,
de fortune ou de famille ; et que le mode d'action de
l'autorité soit organisé aussi pour préserver le plus
possible d'erreur et de partialité, le civisme et le talent
auxquels on aura d'ailleurs assuré l'investiture de la
puissance publique.

Il est temps de mettre un terme aux envahissemens
du favoritisme, aux progrès de la corruption, aux abus
et aux excès que la politique militante entraîne à sa
suite. Il est temps de sortir de l'anarchie des opinions
et des intérêts, et de faire cesser les doléances des gouvernés et les perplexités des gouvernans. L'autorité,
dont la réhabilitation est depuis un demi-siècle le grand
problème à résoudre, la grande œuvre à accomplir ;
l'autorité pousse de tout côté des cris de détresse. Si
elle obtient quelques années de trêve dans la rue, ce
n'est que pour rester continuellement exposée à l'é-
meute intellectuelle que le scepticisme provoque et en-
tretient dans les esprits et à l'émeute morale que la
politique irritante suscite et perpétue dans les ames.
Tandis que, dans l'ordre spirituel, les prélats renou-

vellent les plaintes des pontifs, accusant le monde de
se montrer de plus en plus rebelle à leurs enseignemens, de plus en plus impatient de toute discipline ;
dans l'ordre temporel, les écrivains les plus dévoués à
la royauté de juillet constatent et déplorent la triste
position qu'a faite à la puissance publique le long antagonisme de l'esprit frondeur et de l'optimisme officiel, de l'égoïsme critique et de l'égoïsme gouvernemental. « Le trésor public en France, disent-ils, est
riche, il a les moyens de perdre ; mais il n'en est pas
ainsi de l'autorité. *Elle est pauvre, si pauvre,* que c'est
tout au plus si elle a les moyens de subsister. (*) »

Il faut qu'elle subsiste néanmoins et qu'elle relève
au plus tôt son ascendant et son crédit, ou c'en est fait
de l'ordre social. Pour nous, qui ne croyons pas encore
prochaine la dernière heure de la société française,
nous osons espérer que l'autorité, épuisée et ruinée par
le système de résistance indéfinie à l'esprit de réforme,
et reconnaissant enfin qu'elle lutte contre une puissance
invincible, cherchera un jour son salut dans le progrès
et sa force dans la démocratie. (**)

(*) *La Presse* du 5 décembre 1842.

(**) « Puisque ce mot de *démocratie* revient si souvent dans notre
langue politique, dit M. de Lamartine, définissons le bien une fois pour
toutes, afin qu'il n'y ait pas plus tard de confusion et mal entendu entre

L'opposition, avons-nous dit, a bien aussi de dangereuses tendances, de fausses doctrines et de vieux préjugés à abandonner. Mais la conversion du pouvoir déterminera la sienne. C'est ici qu'il doit se montrer jaloux de son initiative. Placé assez haut pour embrasser d'un coup d'œil la société entière et pour en diriger simultanément toutes les forces vers un but commun, qu'il se décide à renoncer le premier aux habitudes agressives et aux funestes traditions de l'antagonisme, et qu'il entraîne par son exemple la majorité

nous. Entendons-nous par démocratie ce gouvernement tombé de haut en bas, arraché aux classes qui, par leur loisir, leur élévation, leur fortune, ont le plus d'aptitude à se dévouer à la chose publique, pour le donner exclusivement et par un privilége renversé, aux classes les plus rapprochées du sol et les moins exercées aux pensées générales? Eh non, sans doute. On nous calomnie, en nous attribuant cette chimère; vous n'en voudriez pas vous-même; ce serait de la démagogie..... Ce que nous voulons, ce que nous entendons, c'est que la démocratie se compose de la tête, du corps et des membres, c'est-à-dire, de toutes les forces de l'état....... La tête sera toujours la tête : malheur à une nation qui se décapiterait! » M. de Lamartine fait ensuite une large part à l'aristocratie des souvenirs et à la classe moyenne, dont il compose, avec les masses laborieuses, l'ensemble de la nation qu'il appelle la démocratie.

Mais l'essentiel est de s'entendre sur ce qui doit former *la tête*. Sera-ce l'illustration héréditaire, comme dans l'ancien régime, ou la fortune, comme dans les olygarchies, ou la moralité et l'intelligence comme cela doit être dans une démocratie bien ordonnée?

Nous pensons, et nous l'avons suffisamment exprimé, que toutes les chances sont, comme le droit, pour la moralité et l'intelligence.

nationale , conservateurs et réformateurs , dans les voies de la conciliation, de l'ordre et du progrès. Ce que nous lui demandons, ce que lui commande sa situation difficile, c'est ce que M. Guizot réclamait de la restauration , comme le dernier but et le principe fondamental du gouvernement représentatif ; c'est *d'établir entre la société et le pouvoir, leur relation naturelle et légitime , c'est à dire, d'empêcher que le pouvoir ne demeure en droit où il n'est plus en fait, de le faire tomber constamment aux mains des supériorités réelles et capables de l'exercer selon sa destination.* (*)

Quand de prudentes et d'intelligentes réformes auront établi cette relation naturelle et légitime entre la société et le pouvoir, et que le jeu régulier des institutions écartera du commandement les supériorités fatices, pour y appeler les supériorités réelles , les peuples ne se plaindront plus de n'être pas assez libres, ni leurs chefs de n'être pas assez forts. Les uns et les autres reconnaîtront alors que les restrictions apportées à l'arbitraire des hommes et l'extension donnée à la puissance des lois profitent à tout le monde , et que , selon l'expression de Bossuet , *dans un gouvernement*

_____

(*) *Des moyens de gouvernement et d'opposition.* 1821. — La supériorité intellectuelle est bien arrivée parfois au sommet de la hiérarchie , et nous avons vu d'illustres plébéiens, MM. Laffite et Casimir Périer, M. Thiers et M. Guizot lui-même, représenter la France vis-à-vis des monarchies européennes. Mais le principe n'a reçu qu'une application exceptionnelle , et dans les hautes régions du pouvoir.

réglé, les veuves, les orphelins, les pupilles, les enfans même au berceau SONT FORTS. (*)

(*) *Politique tirée de l'Écriture sainte.* — Nous sommes loin de prétendre du reste qu'il suffise des améliorations législatives que nous venons d'indiquer sommairement, pour rendre au principe d'autorité la plénitude de son éclat et de sa force, et pour assurer au principe de liberté son entier développement. Tant que la relation, même naturelle et légitime, entre la société et le pouvoir, et les rapports des citoyens entr'eux, ne seront pas cimentés par une foi commune, c'est-à-dire , tant que la morale publique et la morale privée ne seront pas sanctionnées par des croyances religieuses, bien enracinées dans les consciences, le pouvoir et la liberté n'auront obtenu que des garanties incomplètes. Mais comme les hommes d'état et les législateurs n'ont pas à leur disposition une *puissance de faire croire*, et qu'il est urgent toutefois d'arrêter les conséquences funestes de la disparition de la foi, pour l'ordre moral et pour l'ordre matériel, ils feront sagement de relever et de fortifier le plus possible l'autorité humaine, afin d'atténuer les résultats de l'affaiblissement manifeste où le scepticisme a fait tomber parmi nous l'autorité divine.

FIN.

www.ingramcontent.com/pod-product-compliance
Lightning Source LLC
Chambersburg PA
CBHW072149270326
41931CB00010B/1938